毎日3分で1サイズダウン！

自分で育む「女優小顔」

骨格矯正評論家
代官山山口整骨院院長
山口良純

幻冬舎

あの女優さんとあなた、頭蓋骨の大きさは同じです！

はじめまして。骨格矯正評論家で、代官山山口整骨院院長の山口良純です。
みなさんは女優さんを見て「あんな小顔になりたい」と思うと同時に、「あの人と私とでは、そもそも頭蓋骨の大きさが違う」なんて思っていませんか。

祖父の代から伝わる、ほねつぎ、整骨の伝統的古典療法を受け継ぎ、それに基づく知識を応用した独自の骨格矯正を行う僕のもとには、年間約8000人の患者さんがいらっしゃいます。その中にはみなさんが映画やドラマでよく目にするような女優さんも数多く来院されています。

多くの人の骨格矯正をする中で分かったのは、**女優さんも、そうでない人も頭蓋骨の大きさはほとんど同じ**ということです。ではなぜ、「女優小顔」と「大顔」に分かれてしまうのか。それは**骨の位置や筋肉の付き方が問題**なのです。

PROLOGUE

そもそも骨格矯正をすると「小顔になる」のではなく、**「骨や筋肉が元の位置に戻る」**というのが正しい表現です。ですから、どんなに骨格矯正をしても顔が小さくなるというわけではありません。マイナス＝大顔からのスタートだから、ゼロ＝あなた本来の顔の大きさに戻るだけで、それが小顔に見えるのです。

たとえ頭蓋骨の大きさが同じだとしても、生活の中でのクセや、睡眠時のくいしばり、運動不足による血行不良などで、骨の位置がずれて、筋肉が凝り固まると、どんどん顔が膨張し、大顔になっていきます。**これを毎日マッサージやストレッチできちんとケアをして、本来の顔の大きさを保てるかが、女優小顔と大顔の分かれ道**なのです。いわば、どれだけご自身を大切に、ていねいにケアできるかにかかっているともいえます。

これからご紹介するマッサージ法やストレッチは、多くの女優さんたちが、僕の施術を受けるだけでなく、小顔をキープするために日々行っているものです。まずは朝晩３分からでＯＫ。あなた本来の美しさを取り戻しましょう。

女優小顔に欠かせない筋肉・筋膜をほぐすマッサージ

女優小顔の基本は、マッサージです。「顔をこすってはいけない」と世間では言われることも多いですが、マッサージをせずに凝り固まったまま放置する方がハイリスク。血行不良が起きて、代謝が悪くなってしまいます。

代謝が悪くなるということは、新しい細胞が生まれにくくなるということ。皮膚のターンオーバーは一般的に28日周期といわれますが、年齢を重ねるごとに、その周期は長くなっていきます。さらに皮膚の下にある筋肉に着目すると、肌よりも血流量が少なくなりやすく、ターンオーバーは180日周期ともいわれます。筋肉の血流が悪くなるとたるみやむくみが生じますので、女優小顔になるためには**凝り固まった筋肉をマッサージでほぐして、血流を促進させて、代謝をアップすることが大切**なのです。

PROLOGUE

また筋肉は細かな線維が集まってできていますが、現代人の多くがくいしばりで顎関節がずれて線維がねじれている状態が続いています。マッサージで筋**肉をほぐすと絡まった線維が緩みます。緩んだ線維はしなやかになり、肌にクリームなどで水分を補給することで、肌も筋肉もぎゅっと引き締まります。**筋肉はこの引き締まった状態を形状記憶してくれるので、マッサージでほぐして、元の位置に戻せば当然、その表面にある皮膚もたるみのないハリのある状態に。まずは**保湿をしながらマッサージを、朝晩の習慣に取り入れてください。**

全身は筋膜で繋がっている。女優小顔に欠かせない全身ケア

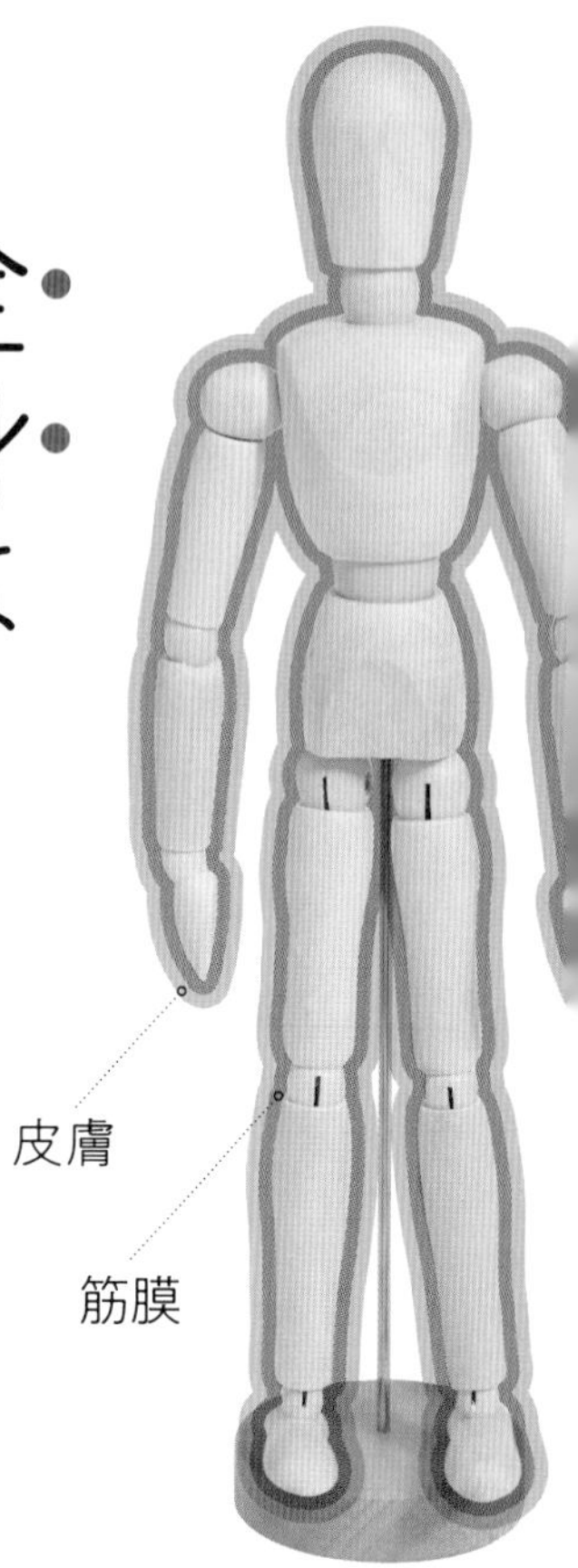

この本では女優小顔を手に入れていただくために、全身のマッサージやストレッチも紹介しています。その理由は、**筋膜連鎖**です。筋膜とは、筋肉だけでなく骨や内臓まですべてを包み込み、体全体で繋がっている薄い膜のこと。

全身タイツを想像してみてください。脇腹のタイツを引っ張ると、頭や顔のあたりも引っ張られますよね。どこかが引っ張られると、他の部分まで引っ張られます。これと同じことが筋膜でも起きるのです。

筋膜の場合の引っ張られている状態とは、ストレートネックや猫背、巻き肩のような悪い姿勢のことです。また、スマホやPCの使い過ぎや、デスクワーク

【女優小顔を導くエレメント】

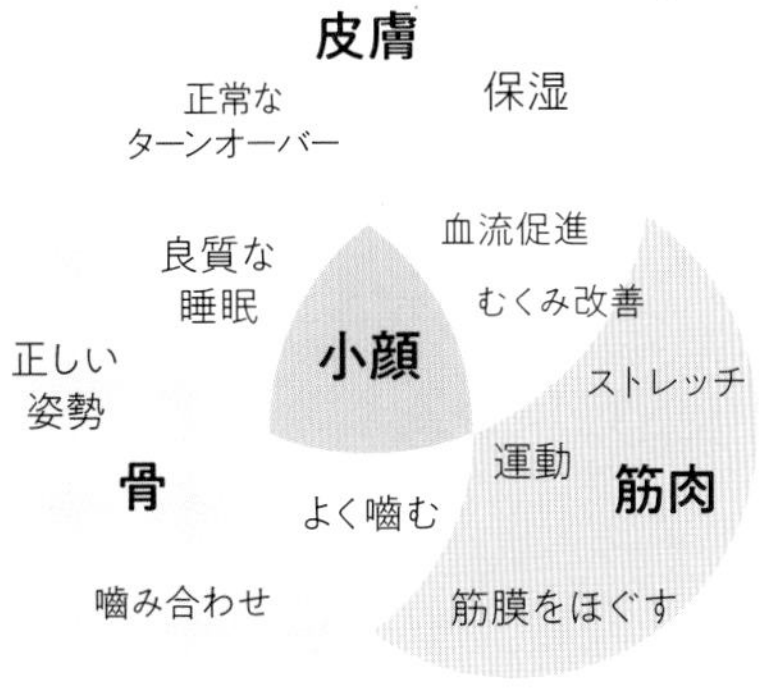

などで下向きの姿勢を長時間続けることでも、筋膜は下へと引っ張られます。**全身で繋がっている筋膜が下へと引っ張られると、果ては顔まで下へと引っ張られてたるんでしまうのです。**

　また座りっぱなしや立ちっぱなしというように、**同じ姿勢で居続けるのも要注意。**血流が滞り、むくみに繋がります。みなさん、足のむくみを気にすることは多いと思いますが、足がむくんでいたら顔はもっとむくんでいると言っても言い過ぎではありません。

　だからこそ顔だけでなく、首やデコルテ、下半身のマッサージや運動・ストレッチで全身の代謝を促進し、血流アップを心がけることが、揺るぎない女優小顔へと繋がるのです。顔のマッサージに、体のケアを加えるのがポイントですよ。

　ちなみに、運動はジムに通ったり、ランニングをしたりしようと思わなくても大丈夫。日常生活の中で体を動かす〝ながら運動〟や、関節をスムーズにするよう意識をするだけで十分です。全身の筋膜は連鎖しているので、すべてのケアが女優小顔に繋がるのです。

女優小顔の初めの一歩は正しい姿勢から

ここまでで、女優小顔になるためには顔のケアだけでなく、全身のケアが必要だということをお分かりいただけたことでしょう。さらにみなさんにチェックしてもらいたいのが、姿勢です。日頃から**正しい姿勢を意識することが、女優小顔の初めの一歩になります。**道具や時間は必要ありません。立ったり、歩いたりするときに、まずは正しい姿勢を意識してみましょう！

正しい姿勢で
小顔美人を磨く

女優小顔の基本は美しい姿勢から。お腹がたるまないように、目線を床と平行にするイメージで背中とお腹の筋肉を一緒に伸ばします。

目線を正しい位置へと戻す！

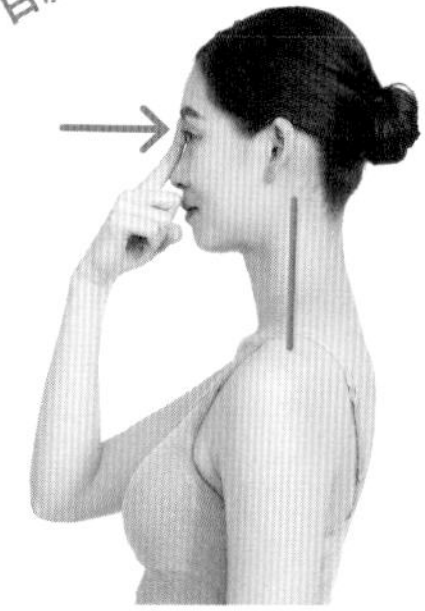

NG!!

顎を引くのはNG！前傾姿勢が加速してしまうので要注意。

お腹をまっすぐに！

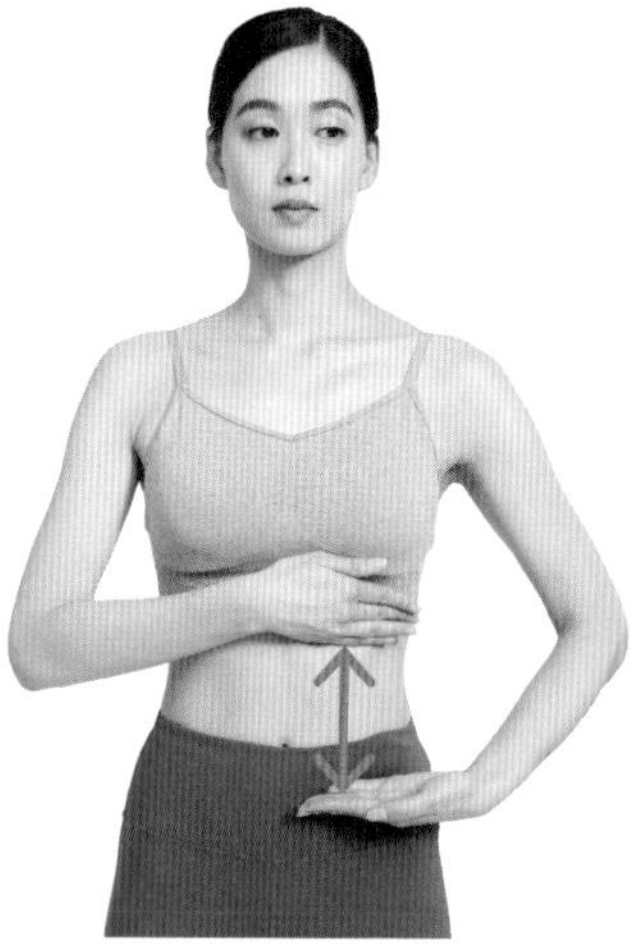

たとえば、お風呂上がりに洗面所で、これからご紹介する小顔マッサージをするとしましょう。このときも、せっかく小顔へのモチベーションが上がっているのだから、美しい姿勢で取り組みましょう。姿勢が悪いと筋膜連鎖で筋膜が下へと引っ張られて顔のたるみを引き起こすとお伝えしたように、マッサージも、ストレッチも正しい姿勢で取り組むことが大切です。**小顔美人は姿勢が美しいのです。**

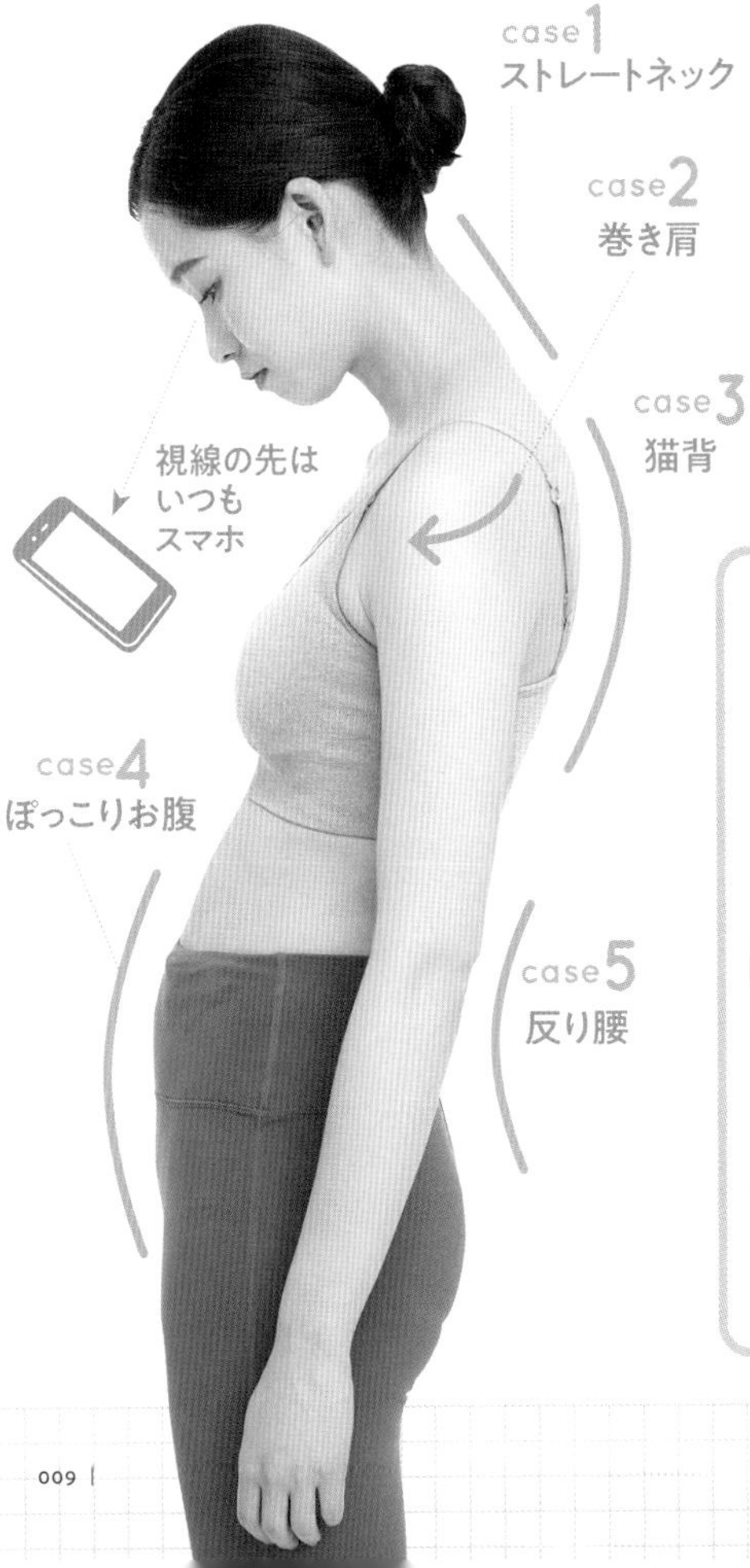

現代人あるある 大顔になる 5大NG姿勢

常に下を向いていると、腕が内側に閉じた状態のまま上半身が凝り固まって、ストレートネックや巻き肩、猫背に。それに伴い、ぽっこりお腹や反り腰も誘発。

この姿勢も要注意!

前傾姿勢が続くとやりがちな姿勢。二重顎に繋がりやすい。またぽっこりお腹で骨盤が後傾。

胸を張ることが良い姿勢だと勘違いしている人にありがち。背中に力が入り、肩周りが緊張状態に。

CHECK LIST

大顔／歪みのチェックリスト

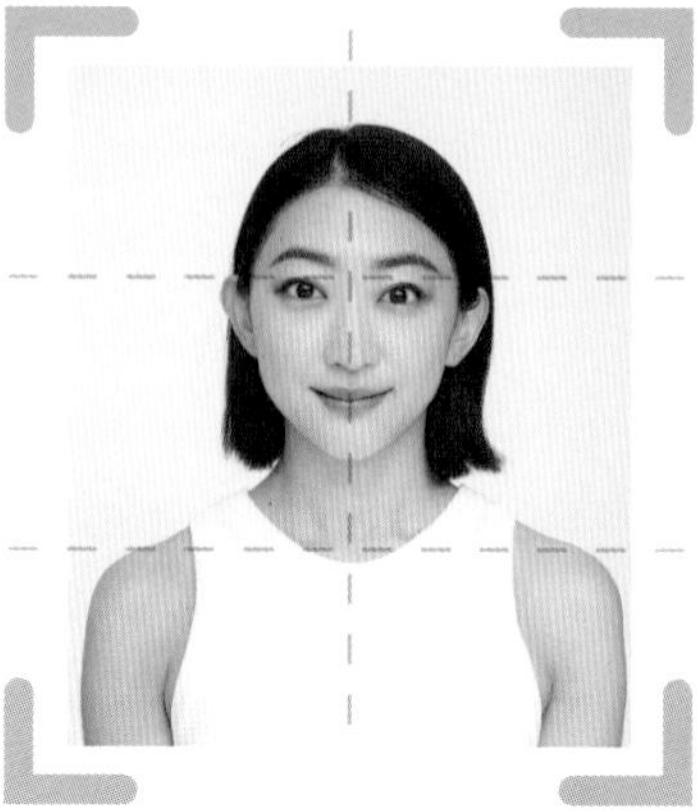

顔の力を抜いて正面を見て
スマホで自撮り

- □ ほうれい線が長くなった
- □ 耳の位置が左右違う
- □ 顔の中心がずれている
- □ 唇に力を入れないと口角が下がる
- □ 鼻の根元が広がっている
- □ 鎖骨が左右非対称
- □ 1年前より「首」が短くなっている
- □ 肩先のどちらかが上がっている
- □ 耳の下、顎の関節を押すと痛い
- □ 前屈すると腰が痛い

☑の数が

3つ以上あったら STEP 1（P.024～）を実践

4つ以上あったら STEP 2（P.052～）を習慣に

さらに

1週間に1回は SPECIAL CARE（P.072～）を加えてみて！

CONTENTS

STEP 2

CONTENTS

SPECIAL CARE

小顔の土台作り

首・肩・デコルテのコリをほぐす

ヒジが上がらない
ヒジがつかないは
〝小顔〟を
遠ざけている
原因かも！

首・肩・デコルテまでが顔の一部だと心得てください。姿勢の悪さで凝り固まった首や肩周りの筋肉、筋膜をマッサージしてほぐすことで、代謝と血流がアップして小顔を導き、揺るぎない小顔をキープできます。

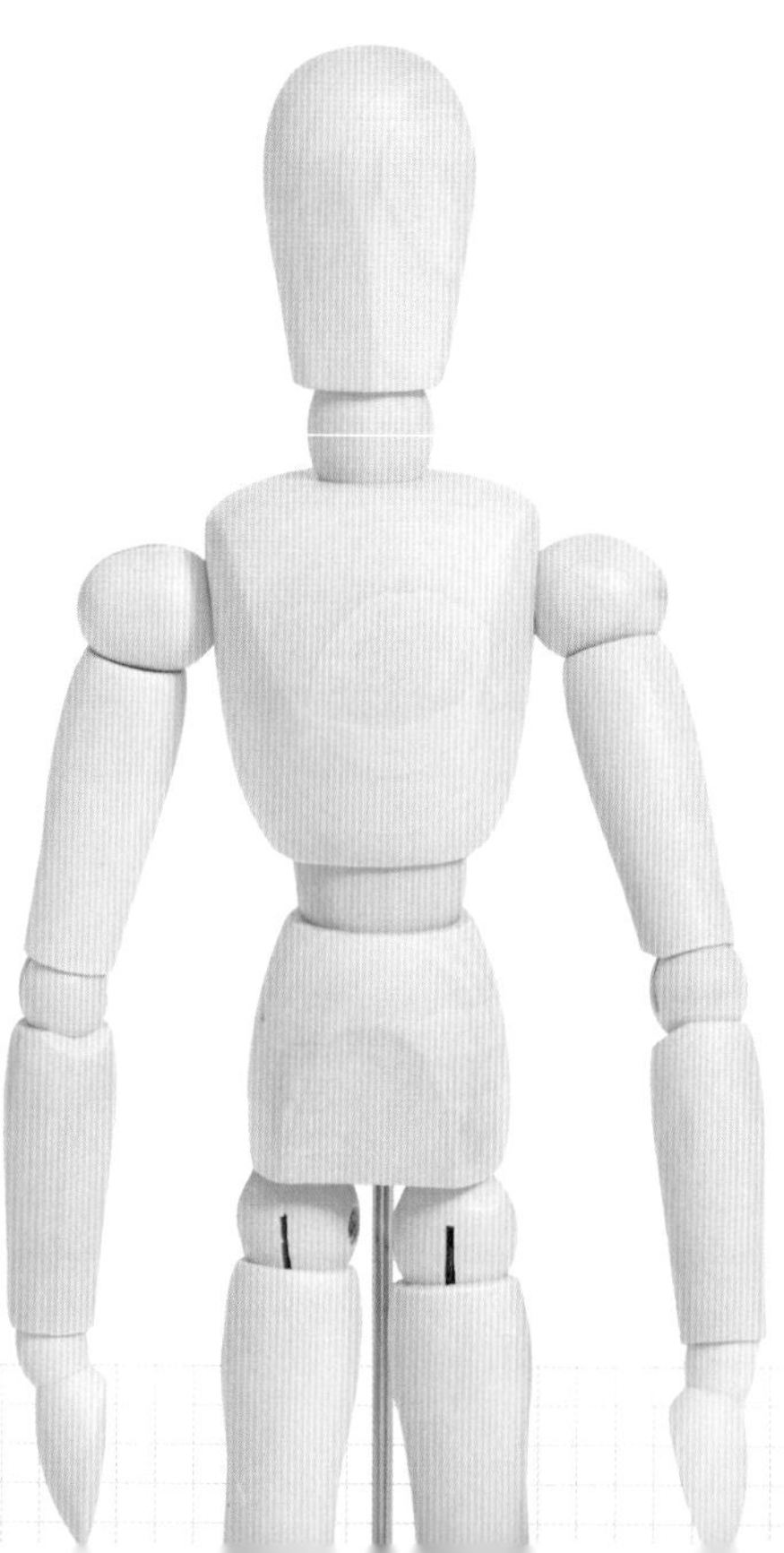

TRY SELF-CHECK!

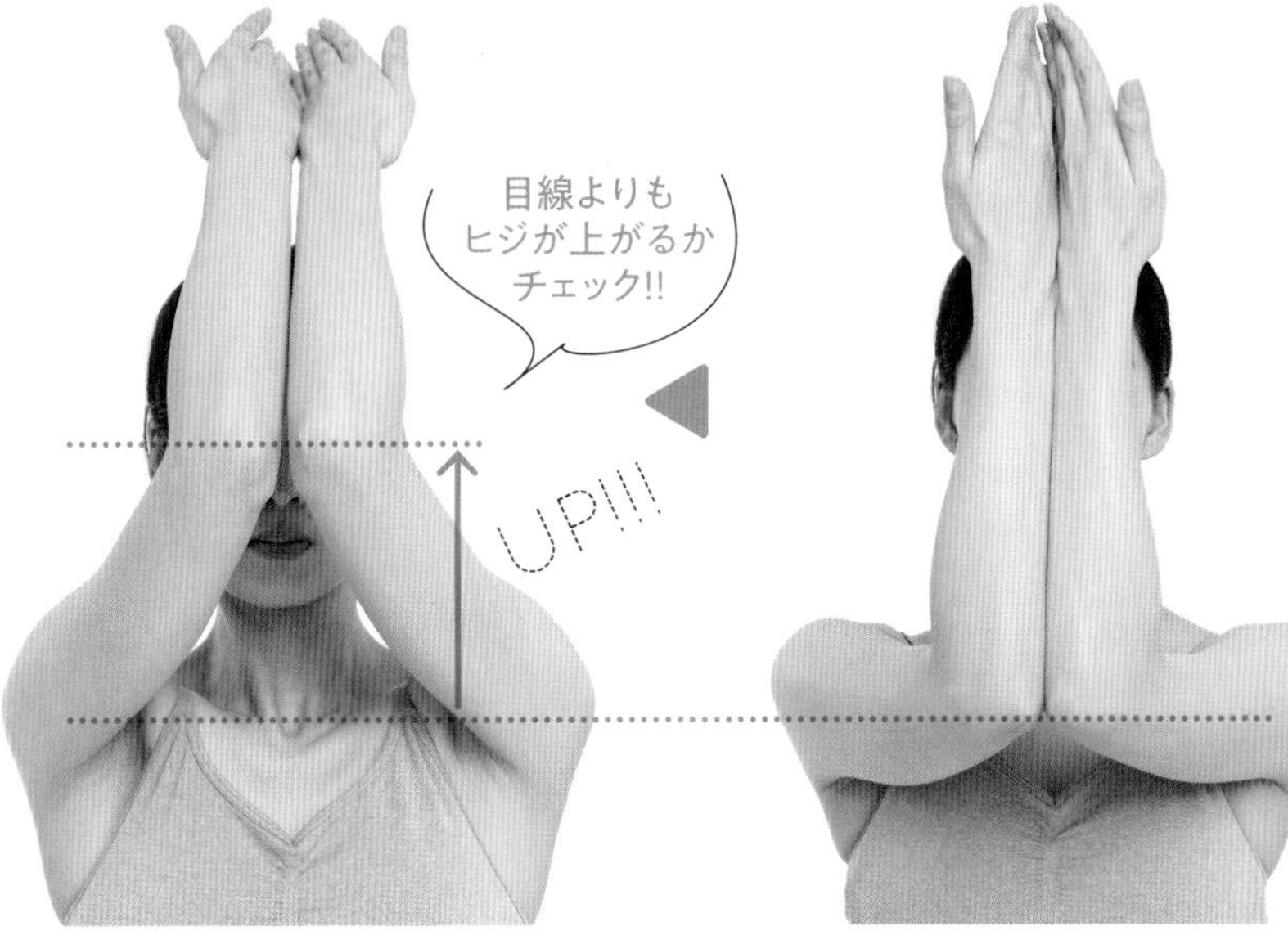

1. 顔の前でヒジとヒジをくっつける。

2. ヒジとヒジをくっつけた状態で腕を上げる。目線よりもヒジが上がらない人は肩周りの筋肉が凝り固まっている、かなり危険な状態！

なかには〝私、肩は凝らないんです〟という自覚症状のない人もいますが、どれくらい肩周りの筋肉が凝り固まっているのか、まずはセルフチェックしてみましょう。凝り固まっている人ほど、ヒジが上がらなかったり、開いてしまったりするので、マッサージでしっかりとほぐす必要があります。

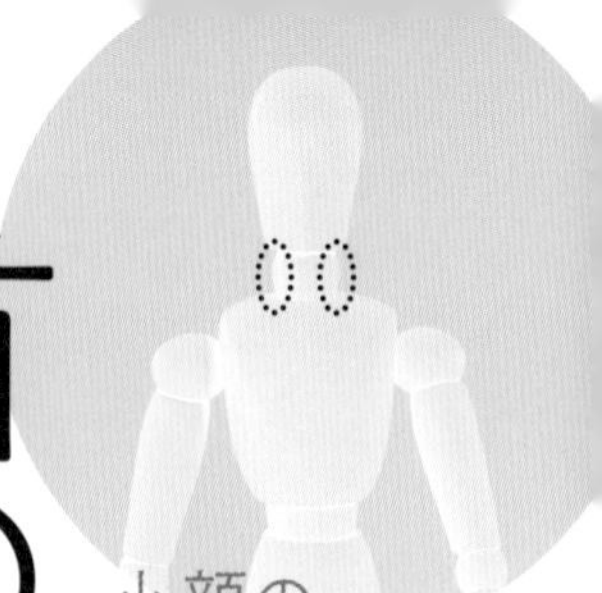

首の脇

小顔の土台作り

胸鎖乳突筋

下向きや前傾姿勢で凝り固まりやすいのが、首の筋肉。緊張状態が続くと首が横に広がって、顔の輪郭がぼやけてしまうので、まずはココからほぐします。

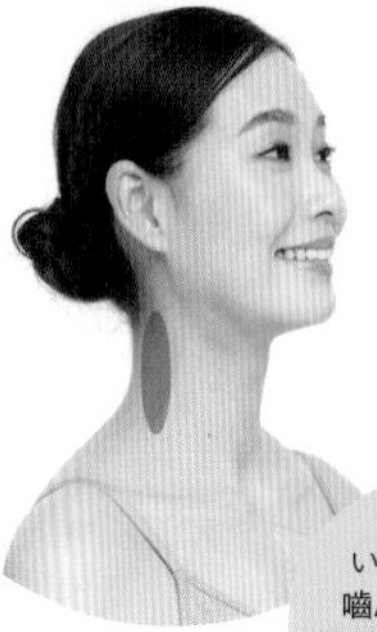

胸鎖乳突筋って？

いーっと軽く噛んだときに、首の脇に浮き出る“筋”のこと。

押しながら揺らす

首の脇の中央あたり、押すとやや痛みを感じるポイントを人差し指と中指の腹で軽く押しながら揺らします。

左右10秒ずつ!!

つまんで揺らす

同じポイントを軽くつまんで揺らし、さらに深くほぐします。皮膚をつまむ感覚でOK！

こぶしで行ってもOK

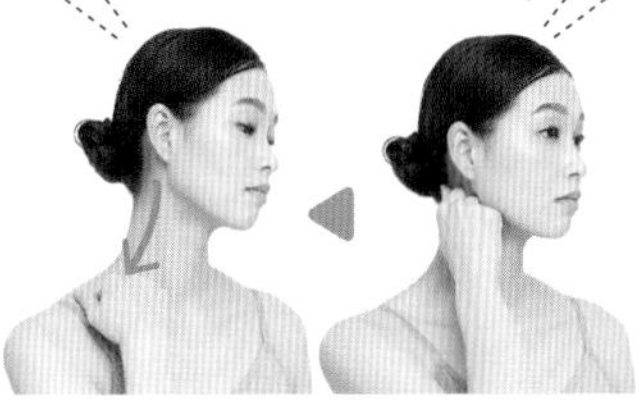

体の筋膜は指先の力だけではほぐれにくい場合もあるので、こぶしでやや力を入れて行っても大丈夫。

耳たぶの下に指を当てる

頭を傾けて
ストレッチ
しながら!!

耳たぶの下に人差し指、中指、薬指の腹を当てます。

左右
10〜15回
ずつ

鎖骨まで流す

指先を鎖骨の上までスーッとなで下ろします。

揺らすマッサージで
筋膜を緩めるのが
ポイント!!

マッサージクリーム
などを使ってもOK!
滑りがアップ。

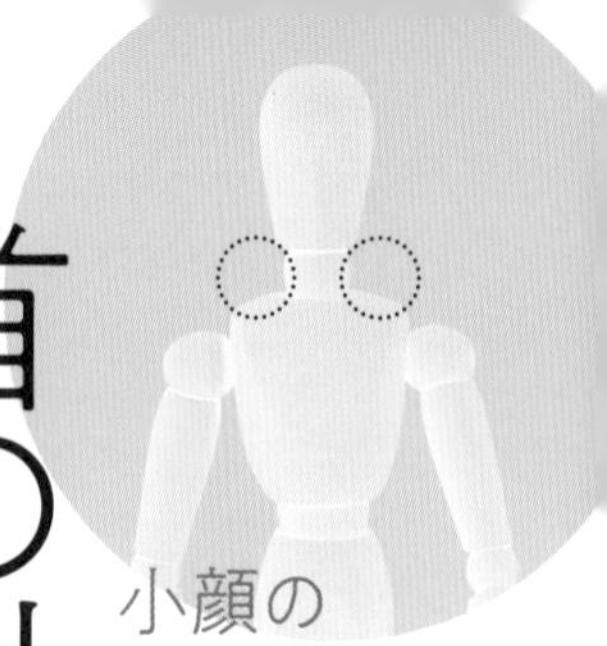

小顔の土台作り

僧帽筋

首の付け根~肩先

首や肩甲骨、背中に繋がる肩の筋肉は、首から上の頭を支えている重要なパーツ。弱ったり緊張したりしていると、頭を支えられず首が前に出てしまったり、巻き肩を加速させてしまいます。

つまんで揺らす

肩に手を当てて、左右に広がる筋肉を軽くつまみ上げて揺らします。コリがひどいと、最初はつまみにくいので無理につままず、左右に揺らすだけでも十分。

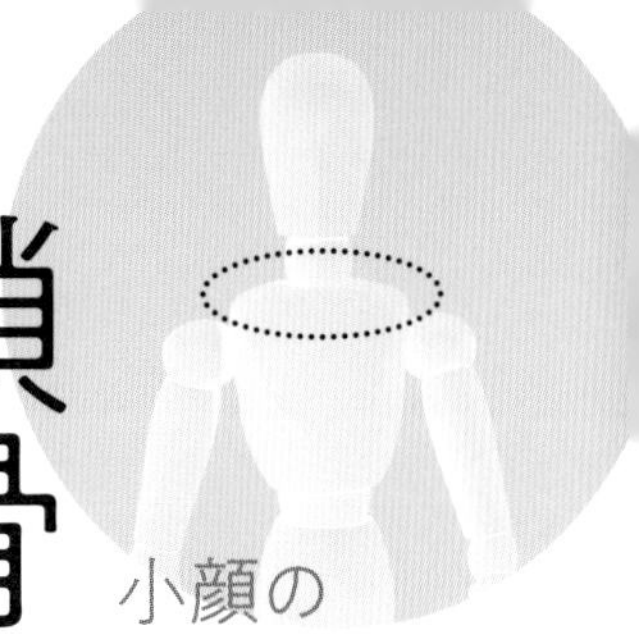

小顔の土台作り

鎖骨の下

胸筋筋膜

前傾姿勢を続けていると、下へ下へと引っ張られてしまう胸筋筋膜。下顎の骨の縁から胸まで繋がる筋肉＝広頸筋と繋がっているため、ココが下がると顔の下半身、フェイスラインのたるみに繋がります。

「こぶしでほぐす」も効果的

胸筋筋膜のように上半身の広範囲に広がる大きな筋膜をほぐすときは、力を入れやすいこぶしで行っても構いません。人差し指の第二関節が骨の縁に当たるように行うと、コリがほぐれやすいです。

鎖骨の下に指を当てる

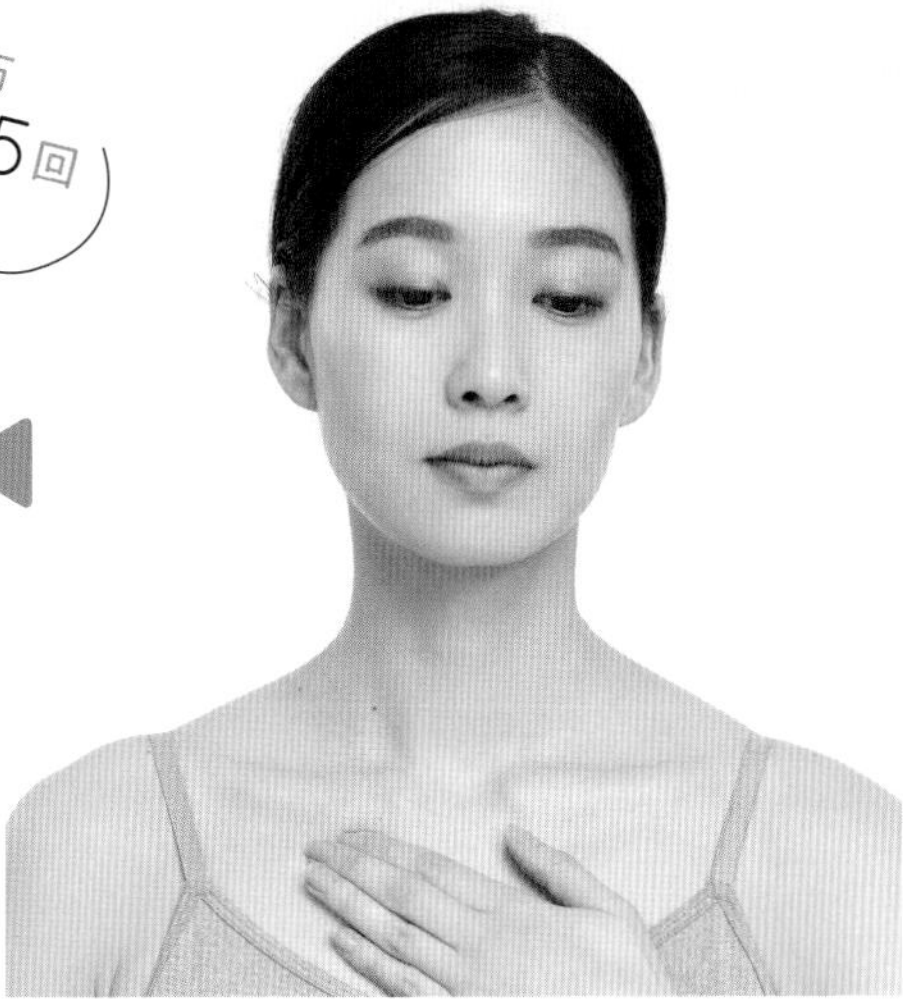

まずは鎖骨の下、内側に指の腹を当てます。マッサージクリームを使うと◎。

左右 10〜15回ずつ

外側へ流す

鎖骨に沿って外側へとなでるように滑らせ優しくマッサージ。

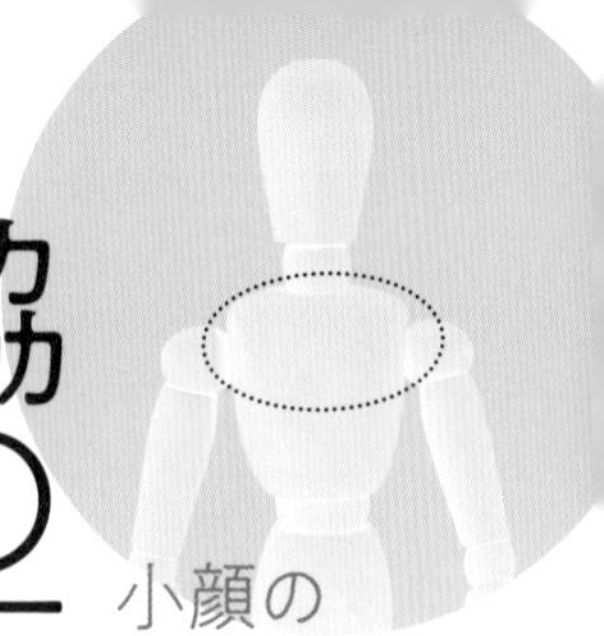

小顔の土台作り

脇の下〜胸上部

大胸筋

大胸筋が男性ほど発達していない女性は、バストの重みと重力で常に上半身が下へ下へと引っ張られて緊張状態に。この緊張をほぐして、代謝をアップすることが重要です。

左右10〜15秒ずつ

胸の付け根を押しながら揺らす

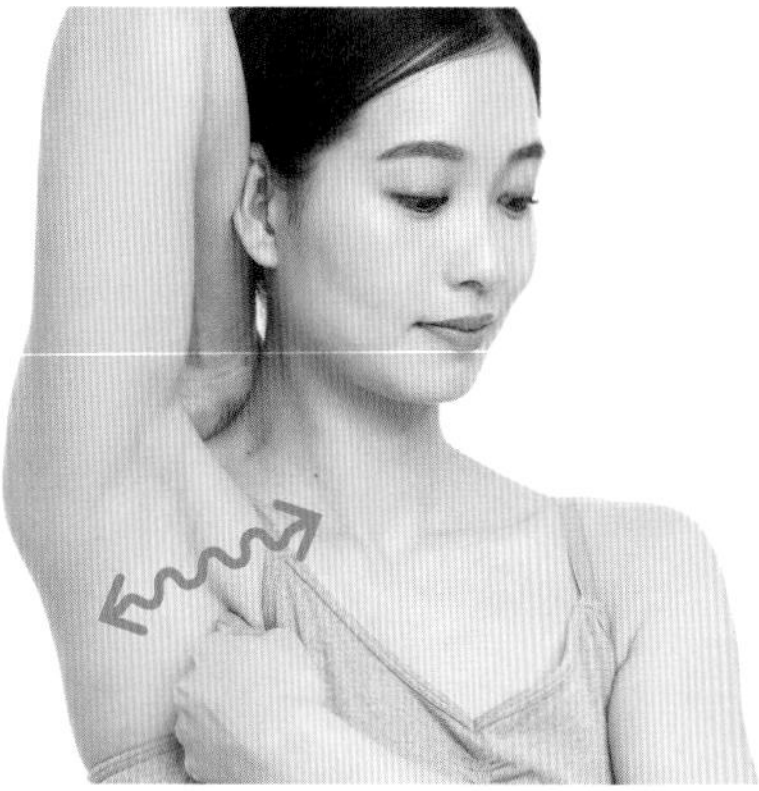

腕を上げて後ろに曲げ、脇の下、胸の付け根にこぶしを外側から押し当てます。イタ気持ちいい程度で小刻みに揺らします。

胸の付け根をつまんで揺らす

同じ位置をつまみ上げて小刻みに揺らして、インナーマッスルの小胸筋にもアプローチ。多少痛みが出ても大丈夫。

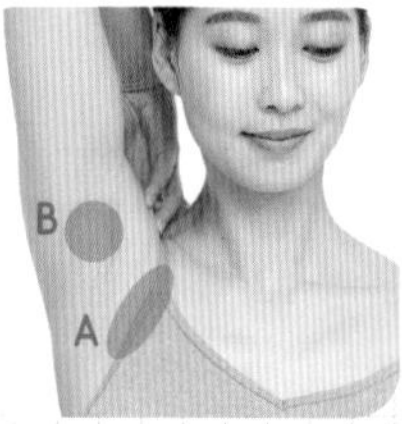

脇の下のもたつきが、顔のもたつきに

脇の下は大胸筋筋膜(A)と上腕二頭筋筋膜(B)が隣接する重要なポイント。ココがたるんでいると上半身の前面の筋膜が下に引っ張られている証拠。ほぐして、しなやかな状態をキープして顔のたるみを引き起こさないようにすることが大切。

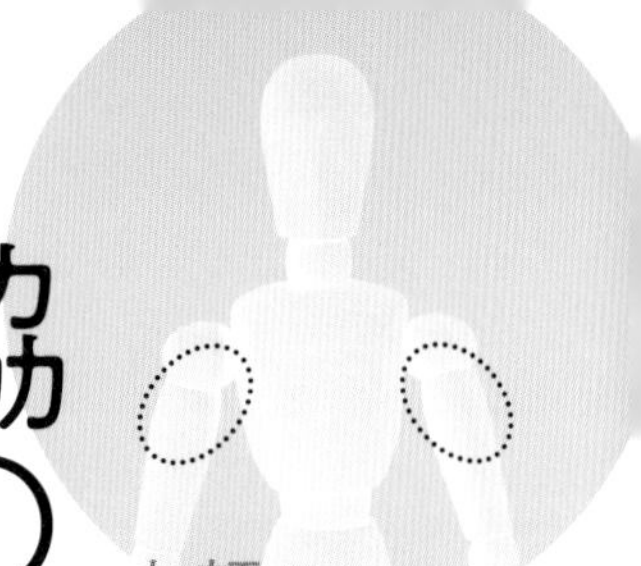

脇の内側&腕の上部

小顔の土台作り

上腕二頭筋

現代人のライフスタイルは、ほぼ前傾姿勢と言っても大袈裟ではありません。それをきちんとリセットせずにいると、肩の位置が胸よりも前に出てしまう〝巻き肩〟に。これが肩こりの大きな原因のひとつであり、顔がたるむ要因にもなります。

左右10〜15秒ずつ

脇の下のくぼみを 押しながら揺らす

ヒジを上げると出てくる、脇の下のくぼんでいる部分は、上腕二頭筋の裏側。ココにこぶしの第二関節を押し当てて揺らします。

脇の下のくぼみを つまんで揺らす

脇の下のくぼみに当てたこぶしの親指と人差し指で、厚みのある筋肉を軽くつまみます。そのまま左右に揺らします。

女優小顔の大敵 くいしばりは 噛み方と就寝前の習慣で改善へ

口を閉じたまま、上下の歯と歯の間を大きく開けます。咬筋が緩んだ状態です。

ゆっくりと自分のペースで優しくガムを噛みます。歯と歯が当たらない程度の甘噛みでOK。

口を閉じているとき、あなたの上下の歯はどうなっていますか？ 歯と歯が触れている人は、顔が大きくなり始めているので、注意が必要です。

本来、**上下の歯は常に数ミリ隙間が空いているのが理想**です。グッと強い力でくいしばると、顎関節にずれが生じたり、頬の筋肉が常に筋トレ状態でパンプアップして大顔に繋がりますが、弱い力で歯と歯が当たっている状態も長く続けば、大きな負担になります。この上下の歯が接触している状態は歯列接触癖(TCH)といい、就寝中のくいしばりに通じることも。さらに下を向くと顎関節の構造上、上下の歯は接触します。つまり下向きの姿勢を続けることは上下の歯が当たり続けてしまうという点から見ても、小顔の大敵なのです。

Let's chew!

そこで、上下の歯が当たっている人や、くいしばりが気になる人に活用してもらいたいのが「ガム」です。歯と歯が当たらないぐらいの優しい力で嚙むと、筋肉が緩んでちょうど良いリフレッシュに。力が入り過ぎていると気付いたらやってみてください。

また**睡眠時の強いくいしばりにも注意が必要**。くいしばりは浅い睡眠(レム睡眠)時に起こるため、とにかく深い眠りにつくことが重要です。SNSや動画を見たりして、眠る直前までスマホを使っていると、交感神経が優位になり、深い眠りにつきづらいもの。まずはスマホをベッドや布団にまで持ち込まないように心がけましょう。そして、就寝前には10回深呼吸。リラックスをして、副交感神経を優位にする習慣をつけることで、大顔の要因のひとつ、くいしばりを排除できます。

眠る前の習慣

ベッドに入ったら、スマホを置いて軽く目を閉じ、10回ゆったりと呼吸。鼻からゆっくり息を吸って、口を少し開けてそっと息を吐きます。

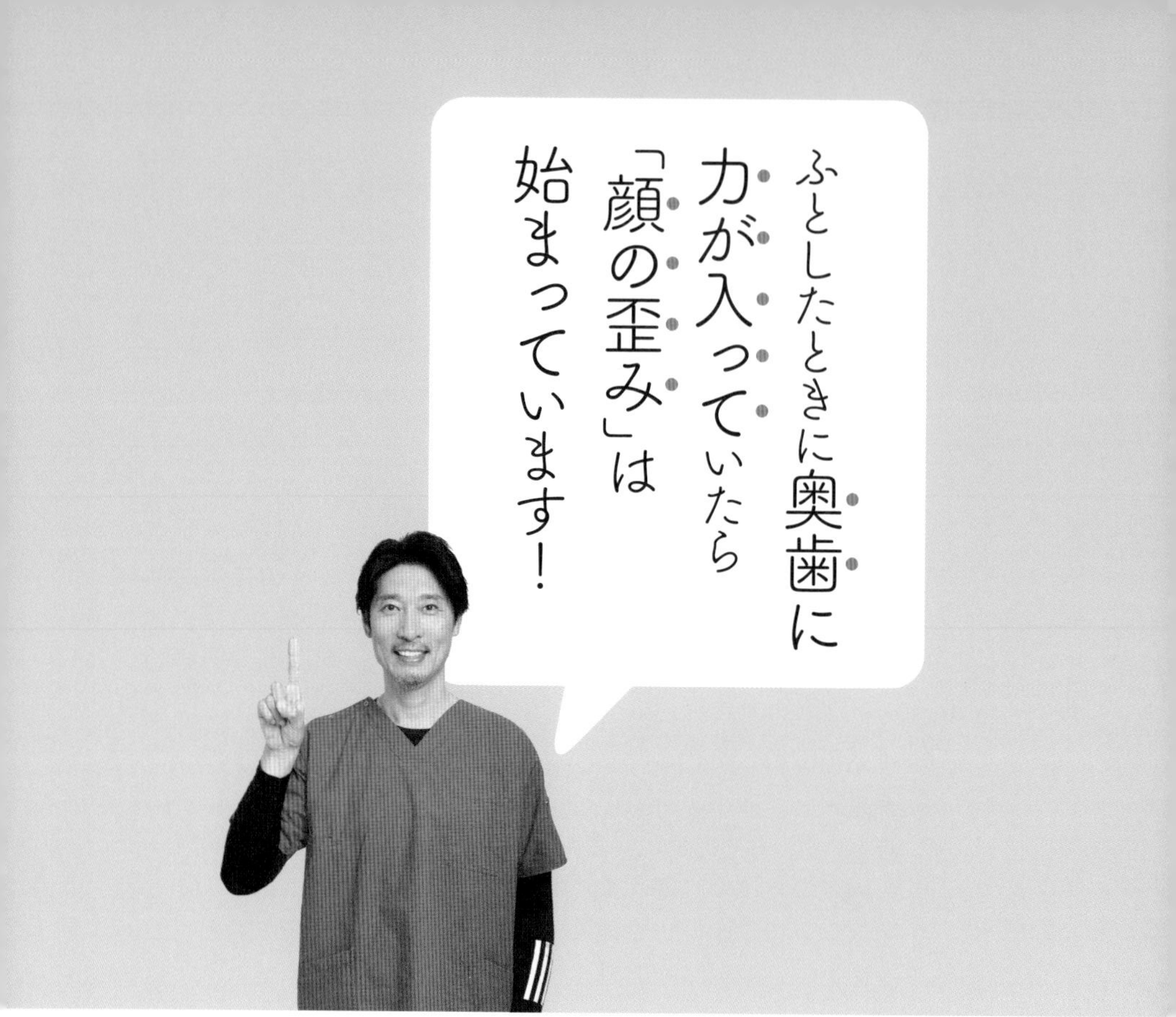
ふとしたときに奥歯に
力が入っていたら
「顔の歪み」は
始まっています！

STEP 1

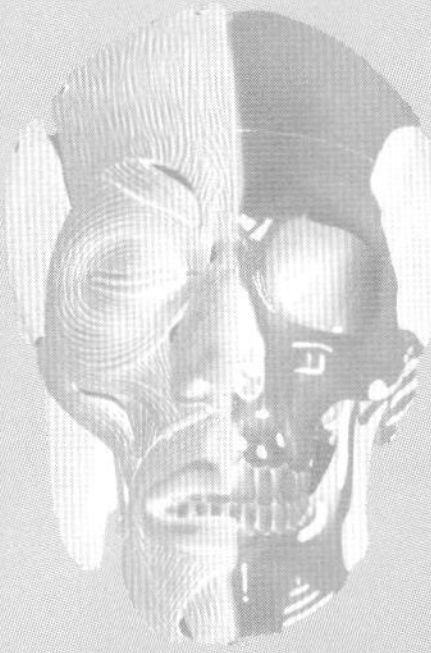

まずは
【顔の筋肉】
【顎の関節】へアプローチ

ほぐす

□ 歪み、こわばりがちな8か所

□ ケアが急務なお悩み

スキンケア のときに8か所を意識

朝晩3分 女優小顔マッサージ

3-MINUTE FACIAL MASSAGE WITH MORNING & NIGHT SKINCARE : HOW TO GET A SMALLER FACE

小顔にはなりたいけれど、マッサージをする時間がなくて。
そんな人も朝晩のスキンケアは行いますよね。
そのときにまずは8か所の皮膚、筋肉、骨の位置を
意識してお手入れしてみてください。
化粧水、美容液、クリームをなじませるときの
手のひらと指の動きをちょっと変えるだけで十分です！
さらに「小顔になれ」と念じながら、
キレイになっていく自分をイメージすることも忘れずに。

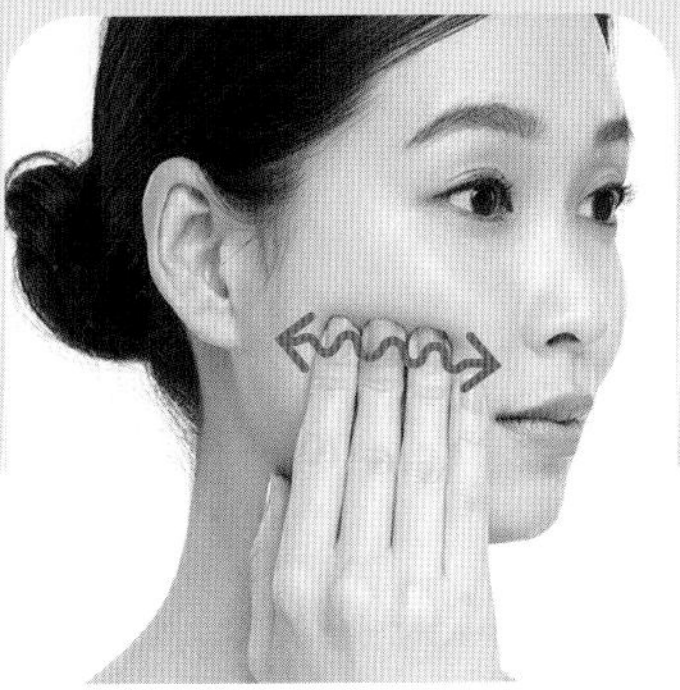

CHECK 1

マッサージはこすらずに揺らして

筋肉をほぐすためにマッサージをするときは、こするのではなく〝揺らす〟が基本です。指やこぶしを当てたら、上下や左右に揺らします。絡まった糸が揺らすとほぐれるように、線維が絡み合ってできている筋肉は揺らすことでほぐれるのです。〝揺らす〟マッサージでほぐして、正しい位置へと戻していきましょう。そしてほぐれたところにスキンケア成分が入り込むので、マッサージをする際には保湿クリームを塗ってから行うのがおすすめです。

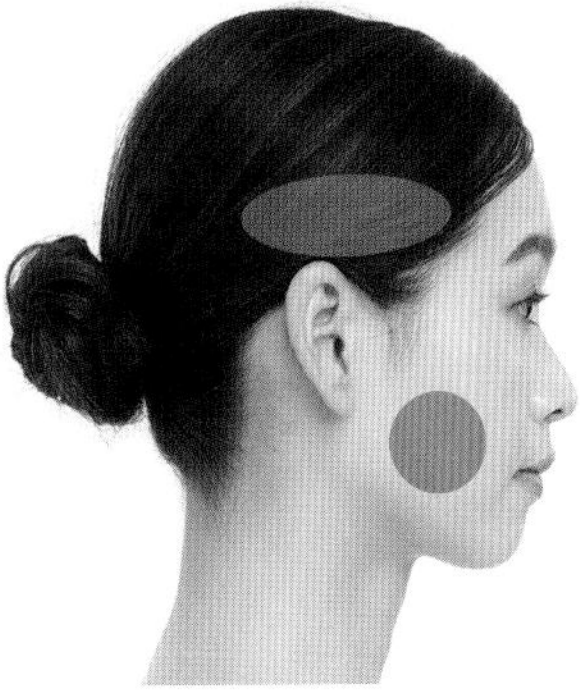

CHECK 2

普段動かない部分は意識的に動かす

日常生活で動かすことがなく、いわば退化してしまった筋肉をマッサージでほぐして、本来の位置に戻すことが女優小顔に繋がります。

ほぐすポイントはこの8か所

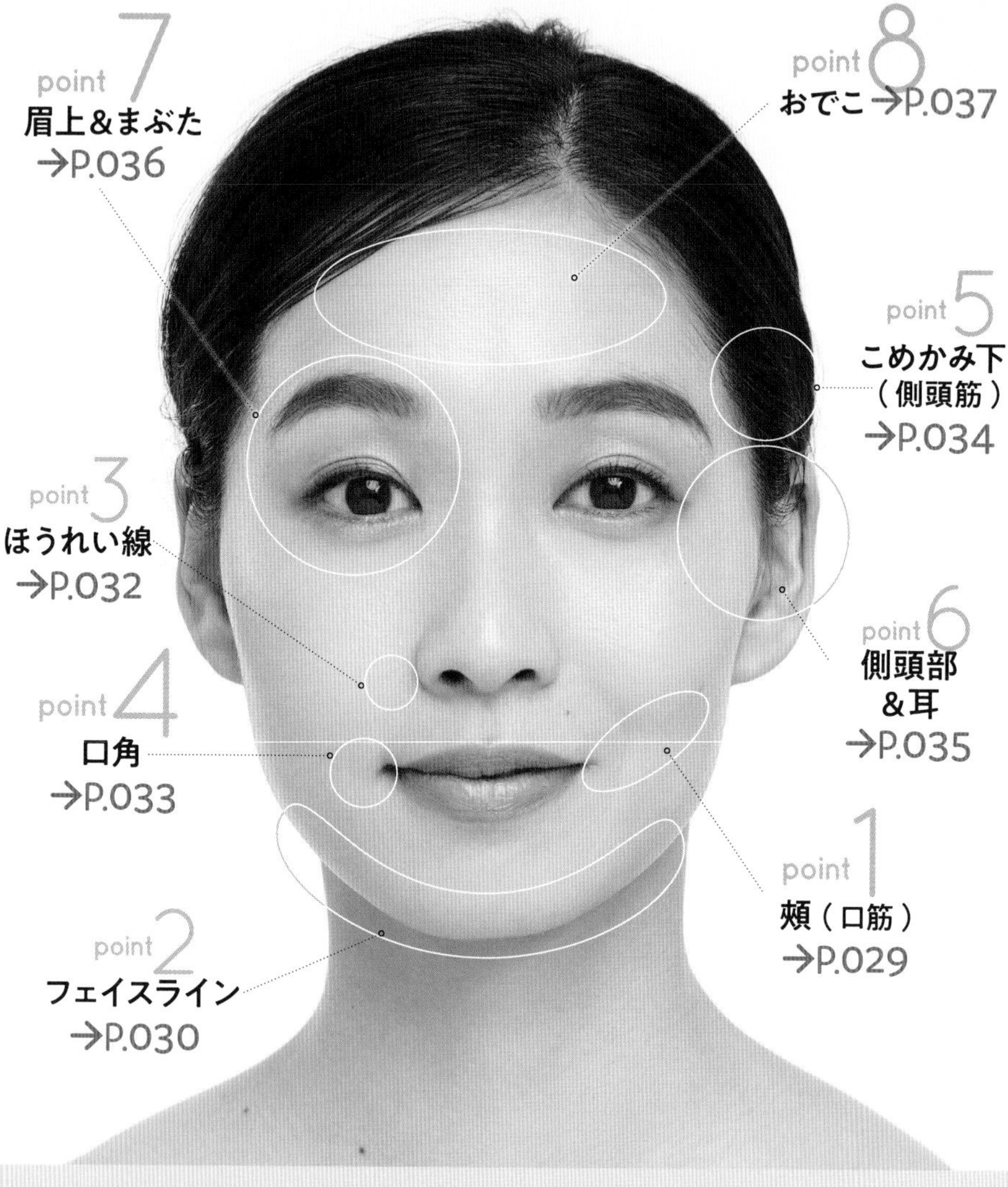

表情筋や筋膜が緊張して凝り固まりがちな８か所。まずはそこを
重点的にほぐし、しなやかな状態にすることが大切です！

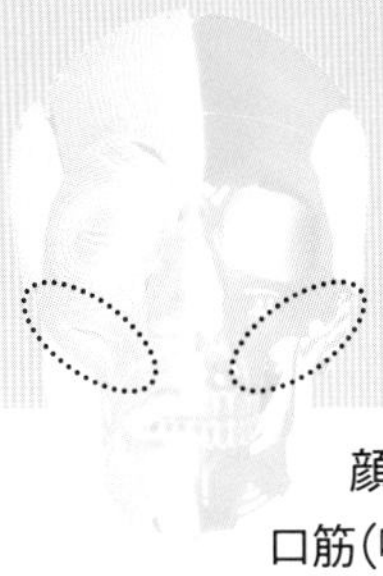

point 1

むくみの蛇口を開放

顔の大きさが気になる人は、まずはくいしばりで凝り固まった
口筋(噛んだときに膨らむ部分)をほぐして、古くなった細胞や老廃物、
滞っている水分を排出します。

左右10秒

上下に揺らす

指1本分顔の前にずらして、頬骨の下のキワに指の腹を置きます。上下に揺らしてマッサージ。軽く動かす程度で十分。

顎周りの緊張を緩ませる

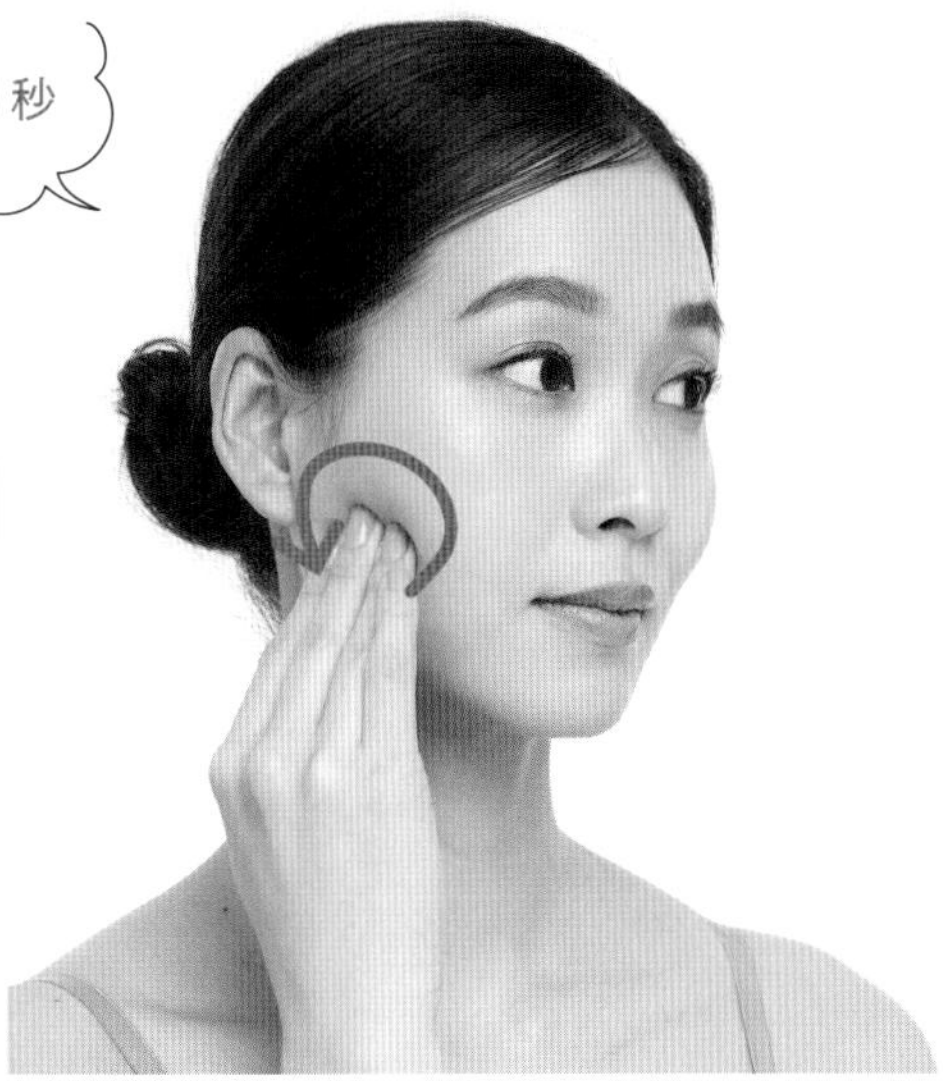

指の腹を噛むと膨らむところに当てて、クルクルッと円を描くように小刻みに揺らします。

CHECK

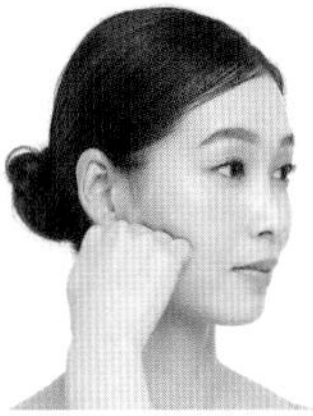

手の形はグーでもOK！

肌に爪が当たるのが気になるという人は、手でこぶしを作り、第二関節を当てて行っても大丈夫です。

point 2

顔周りのコルセットをしなやかに

顎周りの筋肉、特に顎舌骨筋と顎二腹筋は首に繋がっている
重要なパーツであるものの、前傾姿勢を取ることが多い生活の中では、
使われずに縮まった状態が続き、凝り固まりがち。
ココをしっかりほぐすことで、シャキッとしたフェイスラインが維持できます。

上を向いてほぐす

10〜15回

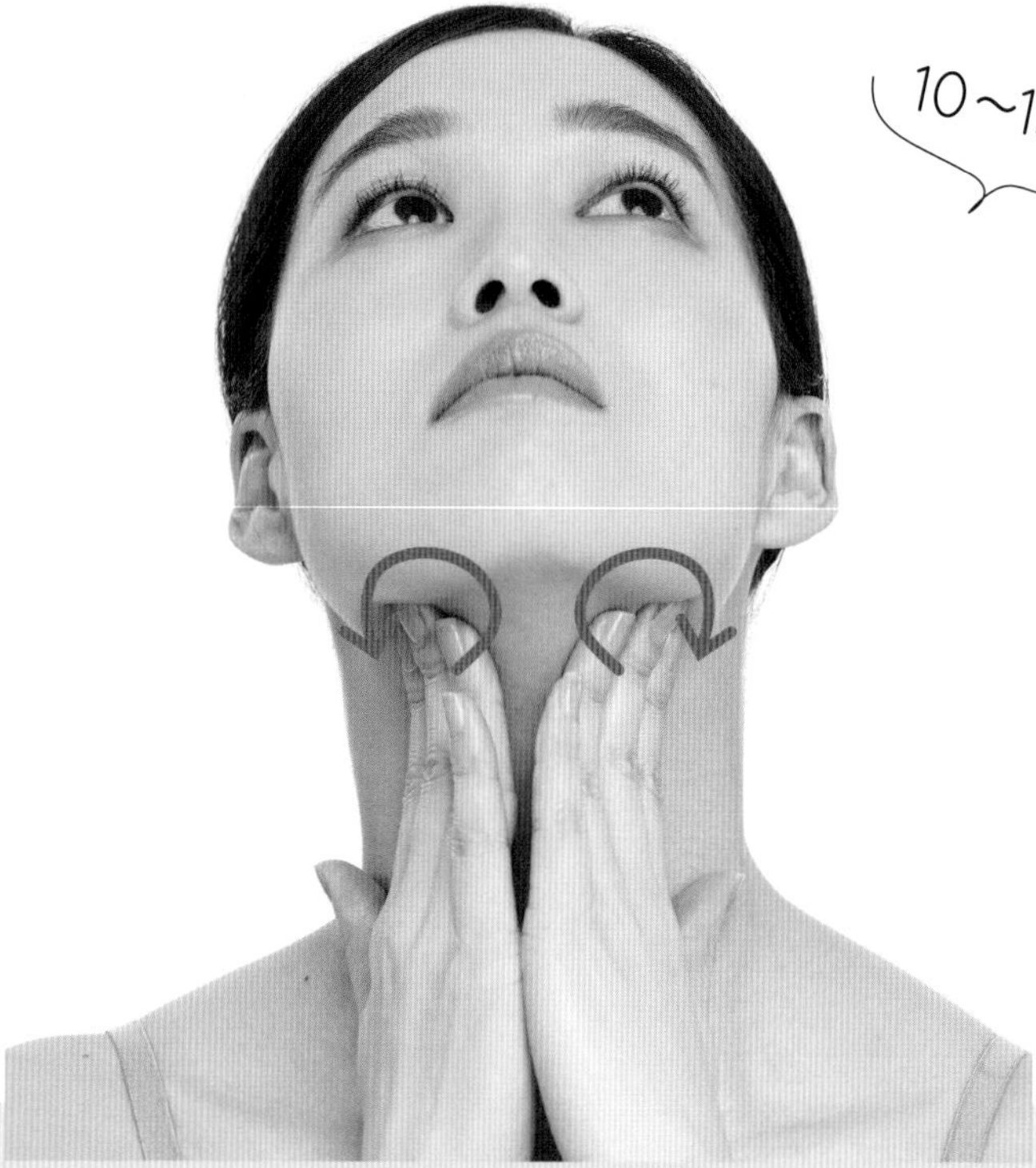

顎先を少し上げて首筋を伸ばしながら、顎先の下に指の腹
を添えます。円を描くように小刻みに揺らします。

顎先から耳下へ流す

人差し指を折り曲げて、第二関節が顎骨の縁に当たるようにセット。顎先から骨に沿ってコリをほぐしながら、老廃物や水分を流します。

終点は顎の骨の終わり

顎の骨の終わりまで第二関節をスッと滑らせて筋膜の緊張を緩めます。次第にフェイスラインが際立っていきます。

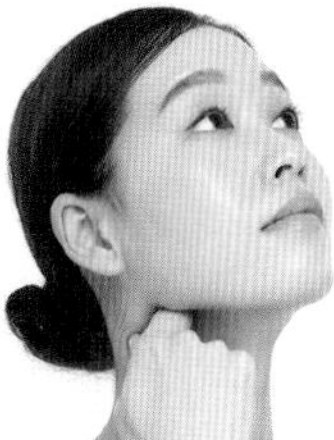

CHECK

終点の腱はイタ気持ちいい程度でOK

終点の顎の骨の終わりにはコリッと張っている「腱」があります。押すとやや痛いのが特徴です。ココに到達したら流れている証拠。

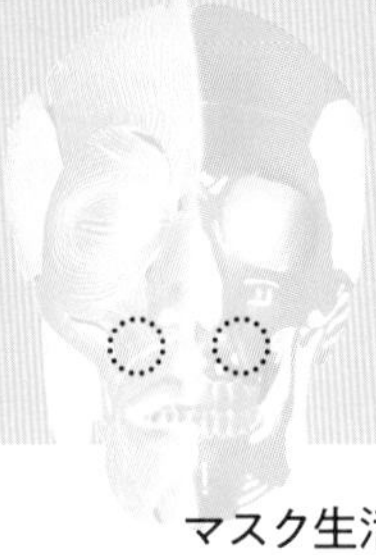

point 3

ほうれい線

マスク生活で動かすことが減った表情筋は確実に衰えています。
その結果、筋力が弱まり、肌は重力に引っ張られ、頬が下がり
ほうれい線が目立っている人が続出。まずは表情筋を目覚めさせることが肝心です。

引き上げながら揺らす

小鼻の脇と頬骨の中間にある、押すとやや痛みを感じる部分に指の腹を押し当てて、小刻みに揺らします。

CHECK

“にっこり”しながら行うと頬がさらに上がる

さらに頬をリフトアップしたい、より効果を感じたい人は笑顔を作って、頬の筋肉が上がった状態で上と同じ位置に指の腹を当ててマッサージ。

point 4

スマイルライン

マスク生活で凝り固まった筋肉のひとつ、口角周りの口輪筋と頬骨筋。
しっかりとほぐして、口角から頬をグッと持ち上げる、
上昇ラインを導くマッサージを行いましょう。

口角を上げてマッサージ

口角の斜め上に指の腹を当てて、小さな円を描くようにマッサージ。口角を上げながら行うことで筋肉に刺激を与えながらコリをほぐせます。そして筋肉が本来の位置へと戻ります。

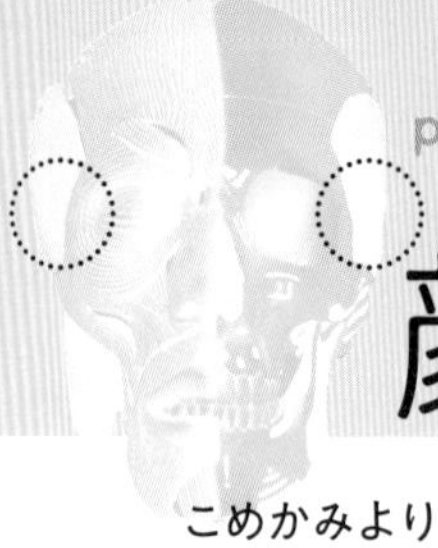

point 5

顔全体の引き上げ

こめかみよりやや下の側頭筋は、くいしばりや眉間に力が入り過ぎると疲れた状態に。ココを押すと硬くて痛い人はほぐして引き上げることで、顔全体をリフトアップ。シャンプーするときに意識するのもあり！

押し上げて形状記憶

指の腹で同じ場所をグッと持ち上げて、位置を記憶させせるような気持ちで5秒キープします。

円を描くようにほぐす

側頭筋に指の腹を当てて、前から後ろにゆっくりと円を描くようにまずはマッサージ。

CHECK

指は噛んだときに盛り上がる部分に

噛みしめたときに動くのが「側頭筋」です。頬を支える筋肉と繋がっているので、ほうれい線の予防と、顔全体のたるみの引き上げ効果も期待できます！

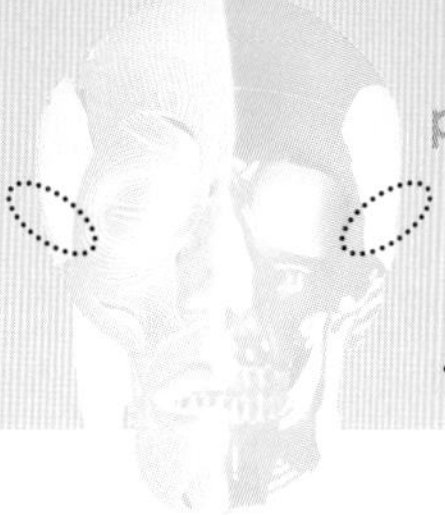

point 6

ハリのある頬

こめかみから耳の上にある筋肉の側頭筋は
食べ物を咀嚼するときに使われるので咀嚼筋とも呼ばれます。
この側頭筋の後方と耳を動かす筋肉、耳介筋が凝り固まって、
頬を前に押し出してしまっている状態を元に戻します。

耳をつまんで回す

耳の縁を指先でつまんで内側から外側に、ゆっくり引っ張りながらぐるっと動かします。引っ張り過ぎには注意！

側頭部をほぐす

耳の上に指の腹を当てて、前から後ろへ円を描くようにほぐす(❶)。次にぐーっと押し上げて5秒キープ(❷)。3回繰り返します。

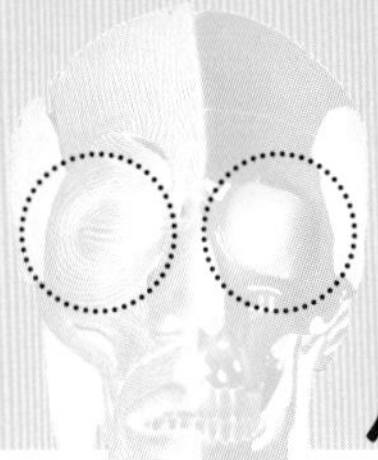

point 7

眉上＆まぶた

目を開けるときは、まぶたの力ではなくて眉上の筋肉、そしておでこの筋肉でまぶたを引き上げています。眉上・おでこの筋肉のコリ、こわばりをほぐすことでまぶたがしっかり上がって、パッチリとした目元が約束されます。

眉頭をほぐす

眉頭のくぼみに指の腹を軽く押し当てて、上下左右に10秒程度揺らします。

▼

左右に
10回!!

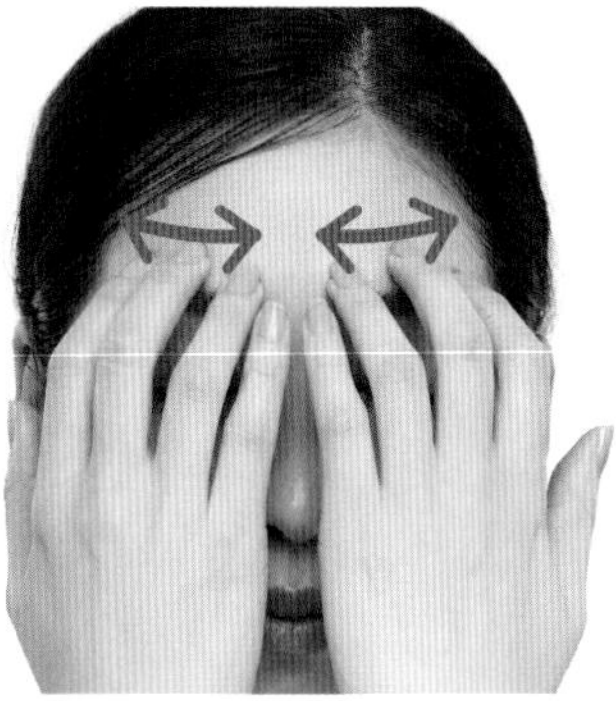

揺らしてほぐす

眉上に指の腹を軽く押し当てて、左右に10回程度揺らしてほぐします。

▼

目尻をきゅっと引き上げ

こめかみに中指の指の腹を当てて、グッと押しながら10回程度揺らします。眼輪筋が緩み、きゅっと目尻が引き上がるはずです。

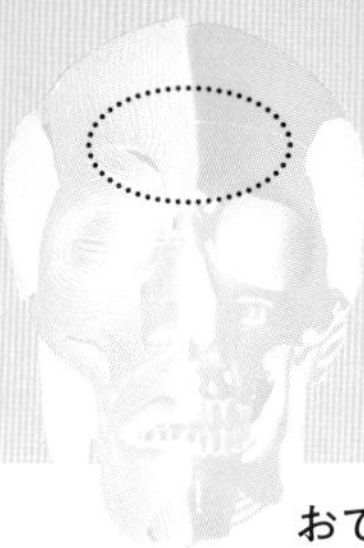

point 8

おでこ

おでこの横ジワは、老けた印象を漂わせてしまいます。
頭皮がこわばっていると、生え際とおでこにひずみが生まれてシワに。
おでこの伸縮をしなやかにして、ハリを手に入れましょう。

上下左右に揺らす

髪の生え際も重要なポイント。指の腹を押し当てて、上下左右に10秒程度軽く揺らします。

円を描くようにほぐす

おでこの中央からこめかみまで5本の指の腹を当て、10回程度、円を描くように全体をマッサージします。

筋肉は良くも悪くも
形状記憶します。
クセづけで良い状態を
キープすることが大切です！

Recommended items!

セルフケアの質が上がる 持っておきたいアイテム

摩擦軽減！　マッサージをするときのマストハブクリーム

「顔をこすってはいけない」と思っている人は多いのかもしれませんが、顔のコリをほぐし、血行不良を改善するためにマッサージは欠かせません。とはいえ、乾燥した状態でマッサージをするのはNG。摩擦が生じて肌に負担がかかってしまいます。顔のマッサージをするときに大切なのは、とにかく摩擦を起こさないこと。保湿クリームを使うと滑りが良くなると同時に、マッサージで肌の奥へと保湿クリームを浸透させることができます。

ヘア＆メイクアップアーティスト河北裕介さんと共同開発した保湿クリーム。こっくりとしたなめらかなテクスチャーで、マッサージをするときの肌の滑りを良くしてくれる。&be マッサージ クリーム 50g ￥3,850（税込）／アンドビー ☎0120・274・032

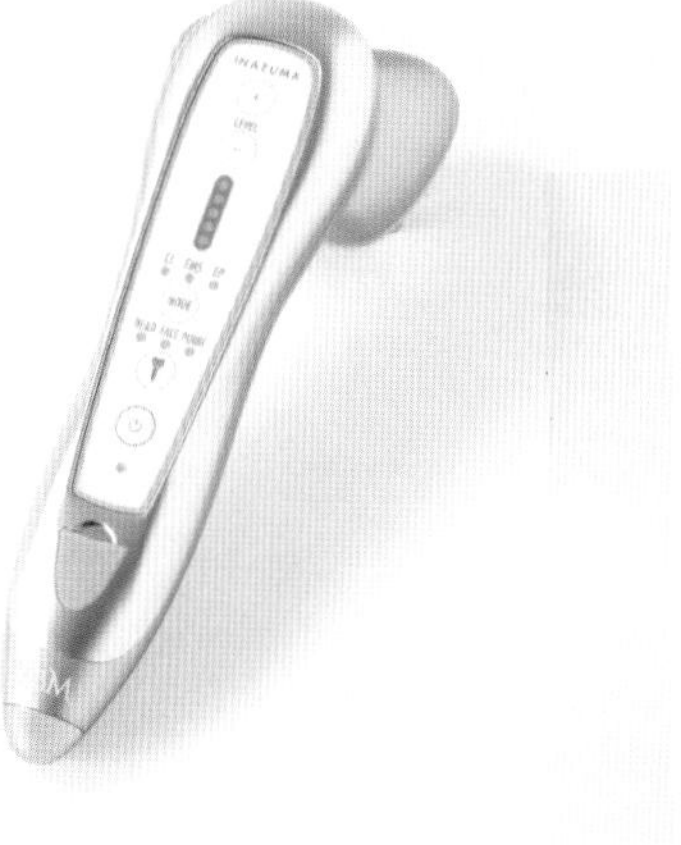

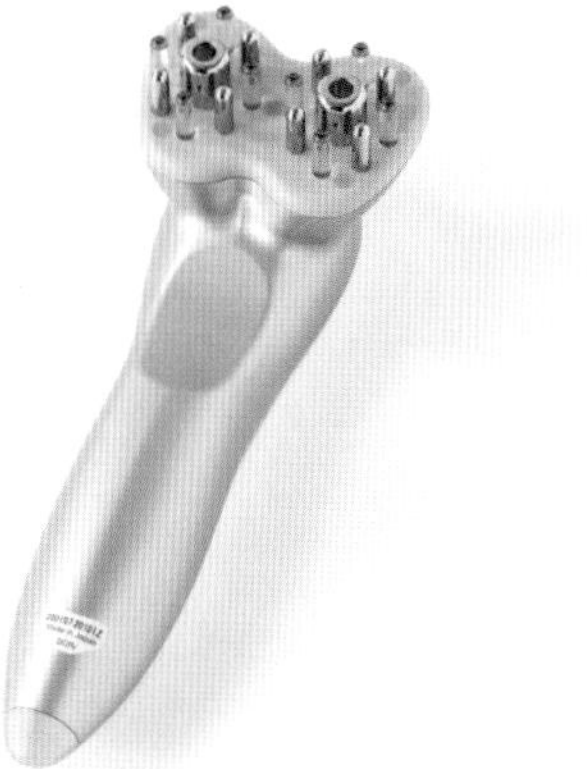

手技をホームケアで再現
山口良純式ブラシ型美顔器

マッサージに加えて、もっとセルフケアを頑張りたいという人におすすめなのが、ホームケア用の美顔器INAZUMAです。さまざまなお悩みを持つ患者様と向き合い施術を行う中で、患者様の声(言葉)だけでなく体に触れて感じとった“体の声”から、これは生まれました。顔と繋がっている頭皮への施術が小顔にプラスに働くように、首や足へのアプローチも同様です。INAZUMAで、顔だけでなく効率的に全身をほぐすことができます。

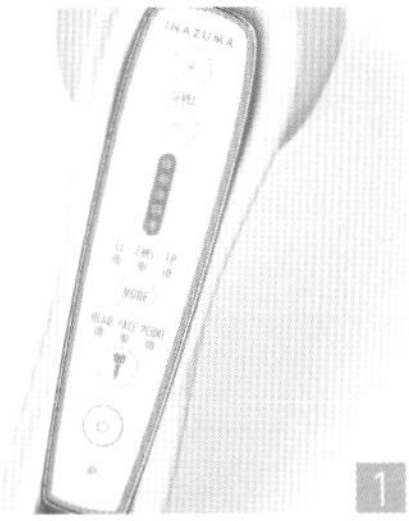

1

1. EMSモード、ポイントモード、エレクトロポレーションモード、クレンジングモードを搭載。特殊波形のEMSが凝り固まった筋肉にアプローチしてリフトアップ。さらに独自のLEDの効果でハリ不足や、シワ、乾燥ケアも。 INAZUMA（イナズマ）¥198,000（税込） 2. INAZUMAのEMSの通電を高める専用ジェル。 パルス クリア ジェル 150ml ¥2,970（税込）／ともに山口ビューティーメソッド ☎03・6820・8062

2

FACIAL MUSCLE TRAINING & INTENSIVE CARE:
HOW TO GET A SMALLER FACE

老け印象を防ぐ筋トレ&マッサージ

おでこ　目元　頬　フェイスライン

おでこ、目元、頬、フェイスラインに現れている
三大悩み「シワ」「たるみ」「緩み」を集中ケア。
鍵になるのは下顎から
鎖骨下へ広がる〝広頸筋〟です。
筋トレとマッサージで、お悩みを解決して
ハリのある女優小顔を手に入れましょう。

無表情・しかめっ面 は筋肉を弱めて シワ、たるみ、緩みを引き起こす

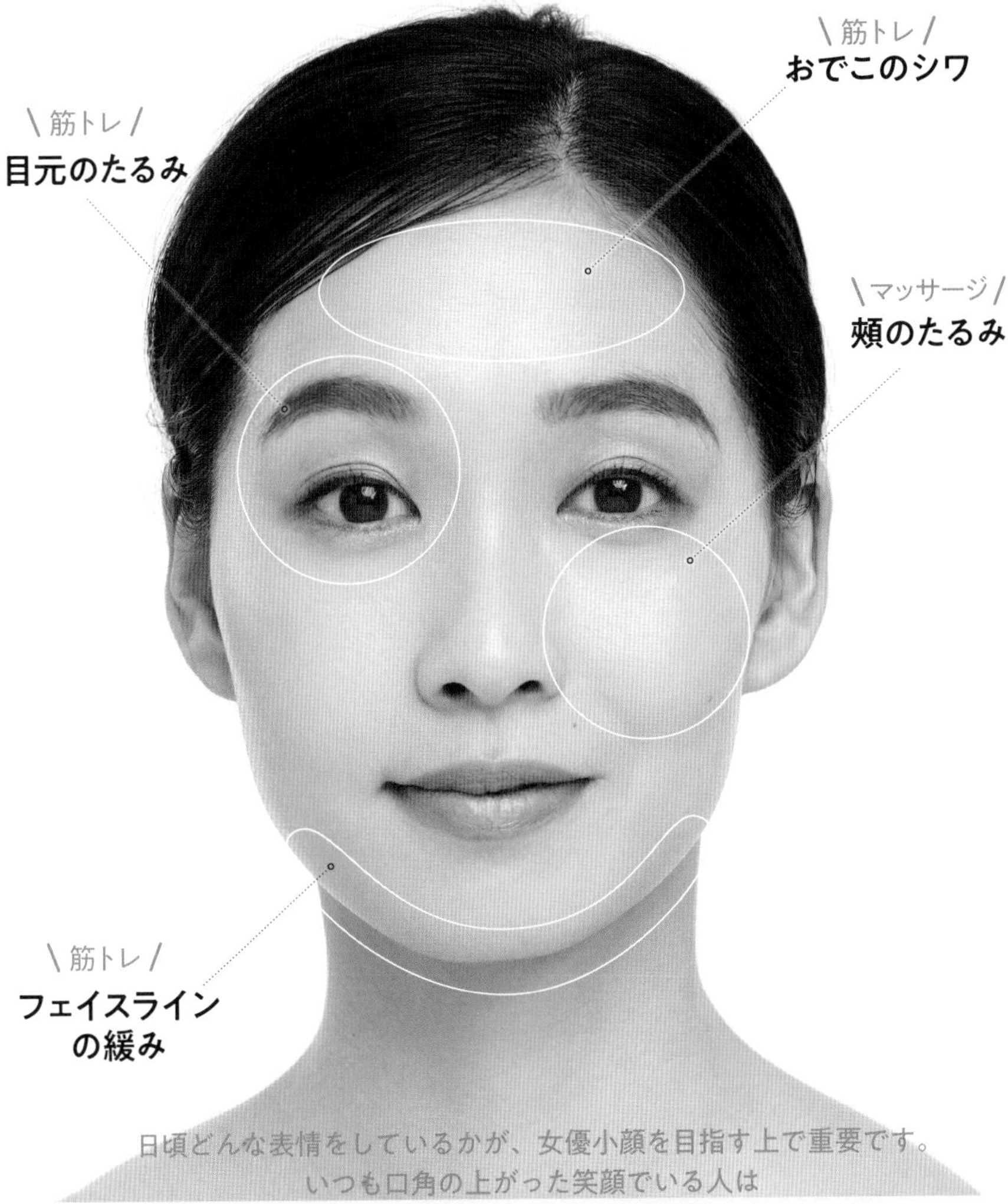

日頃どんな表情をしているかが、女優小顔を目指す上で重要です。
いつも口角の上がった笑顔でいる人は
表情筋をしっかり使えているのでお悩み知らず。
対して無表情やしかめっ面が多い人は筋肉が凝り固まったり、
緩んでいたりして、お悩みを抱えがちのはずです。

注目は広頸筋！

“小顔筋”ケアでシワ・たるみを改善

広頸筋とは、フェイスラインから胸の上あたりまで広がっている“小顔筋”と呼ぶにふさわしい筋肉。顔から上半身へと繋がる、小顔作りの要といえます。ただし下向きの姿勢で縮みがちな筋肉でもあるので、マッサージでほぐしてから、正しい位置へと戻し、形状記憶することで、リフトアップを目指しましょう。

STEP 1 伸ばす

鎖骨までなで下ろす

鎖骨下に手を添えてストレッチ

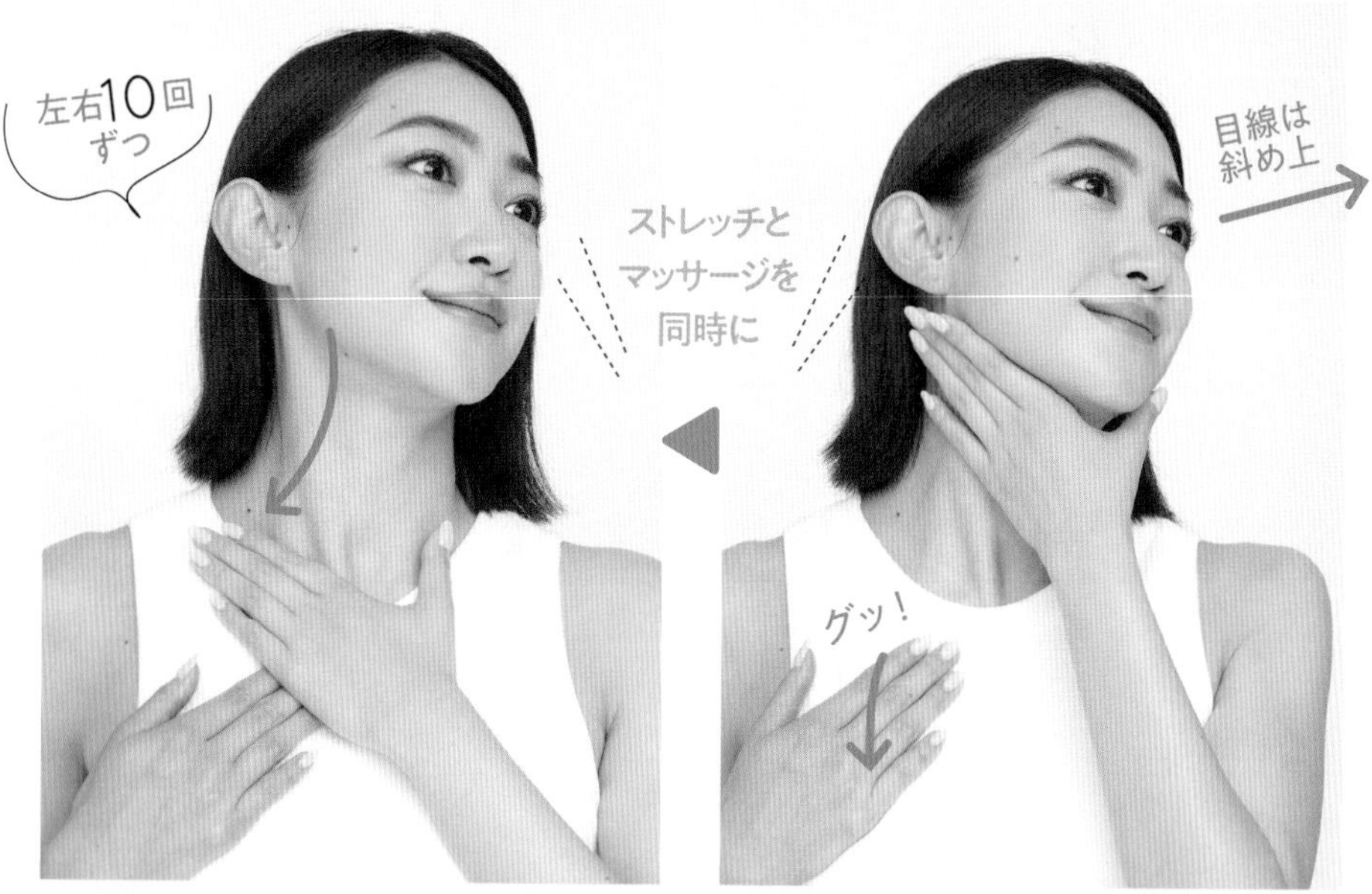

左手人差し指、中指、薬指の腹を軽く当てて、顎の下から首の側面を通って鎖骨まで滑らせます。

顎を左斜め上に上げ、鎖骨下に右手を添えて下に引っ張って、大胸筋筋膜を心地よくストレッチ。

STEP 2 代謝を促す

顎下から鎖骨まで流す

指先を滑らせて、顎下の筋肉から広頸筋までをほぐします。下向きの姿勢でできる首のシワ解消にも繋がります。

「うー」の口で上を向く

両手の指を顎下に添えます。下向き姿勢で凝り固まった顎下の筋肉を上を向いて心地よく伸ばします。

STEP 3 ストレッチを深める

鼻から吸って口から吐く

顎を斜め上に上げ、鎖骨下に手を当てて広頸筋を伸ばします。さらに呼吸で、ストレッチを深めます。

CHECK

筋トレで

“たるみ知らず”のフェイスラインに鍛える

下向きの姿勢で顎や頬の筋肉が凝り固まり衰えると、
体の大きな筋膜が下へと引っ張られて、たるみを引き起こします。
特に女性はバストの重さで下に引っ張られがち。マッサージに加えて
顎周りと頬の筋肉を鍛えることで、たるみ知らずのすっきりフェイスラインに。

STEP 1 舌回しトレーニング

舌を頬に押し当てる

まずは右回り。鏡を見て、舌がぽこっと出ているかをチェックしながら行いましょう。

右に10回、
左に10回!

口を閉じて舌を回す

ぐるっと歯茎をなぞるように舌を右下から左下に移動して、一周。顎下の筋肉、舌骨筋を鍛えます。

STEP 2 笑顔トレーニング

うーっと唇を尖らす

唇を前に突き出すイメージで、「う」の口を作ります。口の周りや頬が前へと引っ張られていると感じたら、口輪筋にアプローチできています。

リズムよく
10秒×3セット

いーっと口角を上げる

いーっと口角を上げて、頬全体を上へ引き上げ、表情筋を動かします。

CHECK

指を添えてもOK！

表情筋が凝り固まっていると頬が上がりにくいので、指を小鼻の横に添えて確認しながら行いましょう。笑顔がトレーニングになります。

老け見えの原因

“おでこのシワ” “目元のたるみ”を撃退!

PC作業やスマホで目を酷使している人や、何かを見るときについ目を細めてしまう人、要注意! 眉上・おでこの筋肉が酷使されて、緊張が続き、おでこのシワや目元のたるみ・むくみを誘発しています。筋トレと骨マッサージで、すっきりとした上顔面を手に入れましょう。

STEP 1 眉上の筋トレ

眉を下に押し下げる

眉の上に指を添えて、適度に力を入れながら押し下げます。

上を見る

5秒×3セット

上を見ると眉上の筋肉が動くのが分かるはずです。目を開く力が鍛えられます。

CHECK

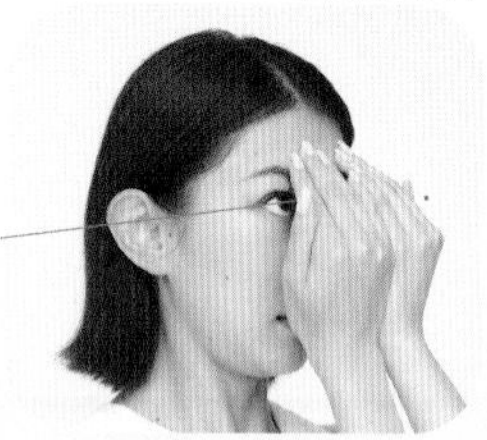

眉の上がもっこりと動いたら効いています!

STEP 2 上まぶたの骨マッサージ

骨のくぼみを軽く押さえる

押さえるのはまぶたではなく、眼球と骨の間のくぼみ。肌に刺激を与えないように、クリームをつけて行うのがおすすめ。

目尻まで滑らせる

骨のくぼみはむくみやすいポイント。マッサージで代謝を促して、血行を促進。

STEP 3 下まぶたの骨マッサージ

骨のくぼみを軽く押さえる

上まぶた同様、押さえるのは涙袋ではなく骨のキワ。

目尻まで滑らせる

骨のキワに沿って目尻まで優しく滑らせます。痛みを感じたらむくんでいる証拠!! マッサージで代謝を促進しましょう。

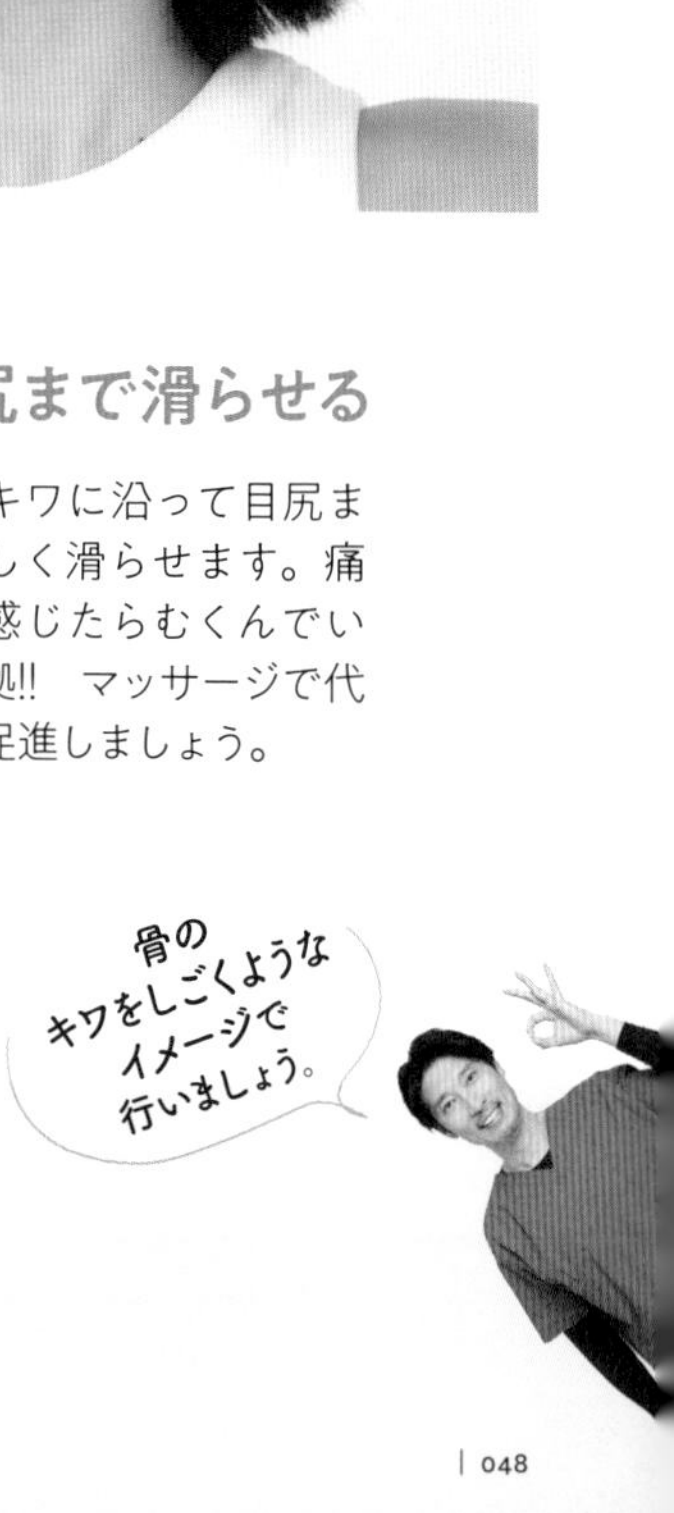

日頃どんな表情をしているかが顔の大きさやお悩みに現れる

よく笑う人、よく会話をする人は、表情筋をたくさん使っているため筋肉が柔軟で伸縮しやすく小顔になります。対して笑顔が少ない人、不機嫌そうな人は、顔の筋肉が動くことが少なくこわばってしまうため、大顔に繋がり、負の印象を作るシワが刻まれやすくなります。**良くも悪くも筋肉は形状記憶されるので、日頃どんな表情で過ごすかが大切です。**

特におでこや眉間のシワは、しかめっ面をしたり、何かを読むときに目を細めたりするクセでどんどん深く刻まれていきます。ついやってしまっていて自分では気付いていない人も意外と多いと思います。些細な動き、表情でも、自分を客観的に見て、クセを見直すことが、女優小顔への近道になります。この機会にチェックしてみてください。

顎が歪んでいると骨盤も歪んでいる?!顎関節が整うと全身が整う

睡眠時のくいしばりや、前かがみの姿勢を長時間取っていることで、現代を生きる日本人のほとんどは下顎の骨が前へとずれてしまい顎関節が歪んでいる状態です。顎関節が歪み、前へと押し出されると、輪郭が横に広がり、大顔に繋がります。さらに顎関節は股関節と連動しているので、**全身の歪みに繋がります。**

この歪みはP45の笑顔トレーニングに次の2つを加えると整います。まず前屈して床と指先の距離をチェック。次に、姿勢を戻して、P45の動き。さらに耳の穴に人差し指を入れて、指の腹で前側に触れながら口を「あー」と開けたり、「いー」と口角を上げたりを繰り返してください。**このとき動いているのが顎関**

節です。痛みを感じたら、顎関節が歪んでいる証拠。10秒程度続けると、歪みが整っていきます。さあ、もう一度前屈してみましょう。先ほどよりも深く前屈できるようになったのでは？**顎関節を調整することで、全身の筋膜の緊張がほぐれて、可動域が広がるのです。**顎関節を整えることは、小顔だけでなく、健康的な美へと繋がります。

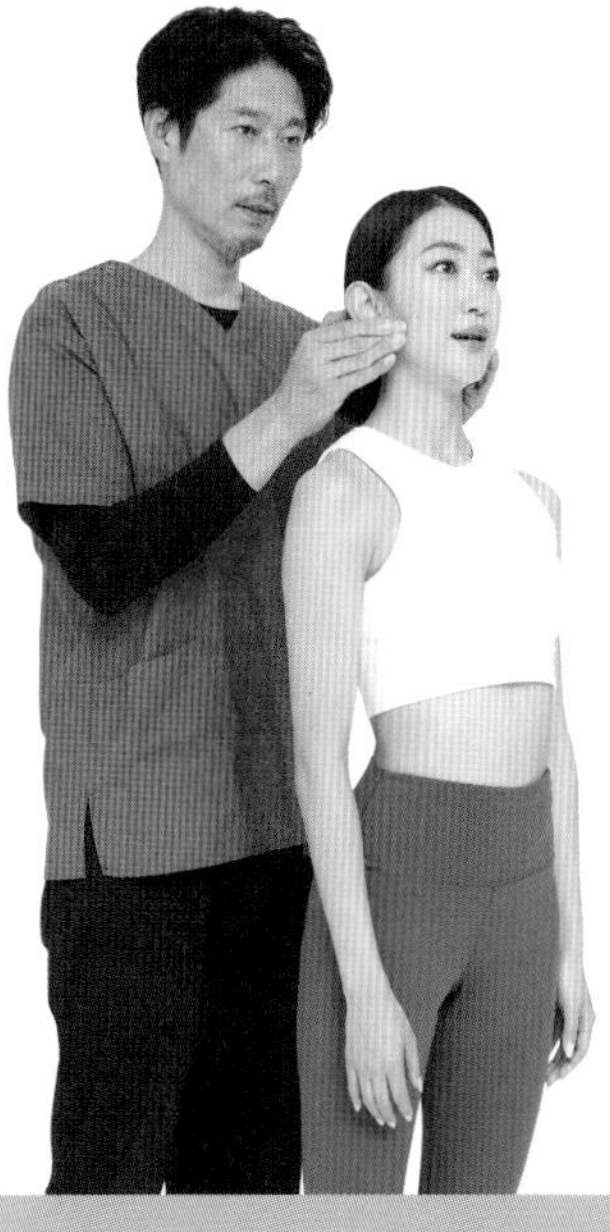

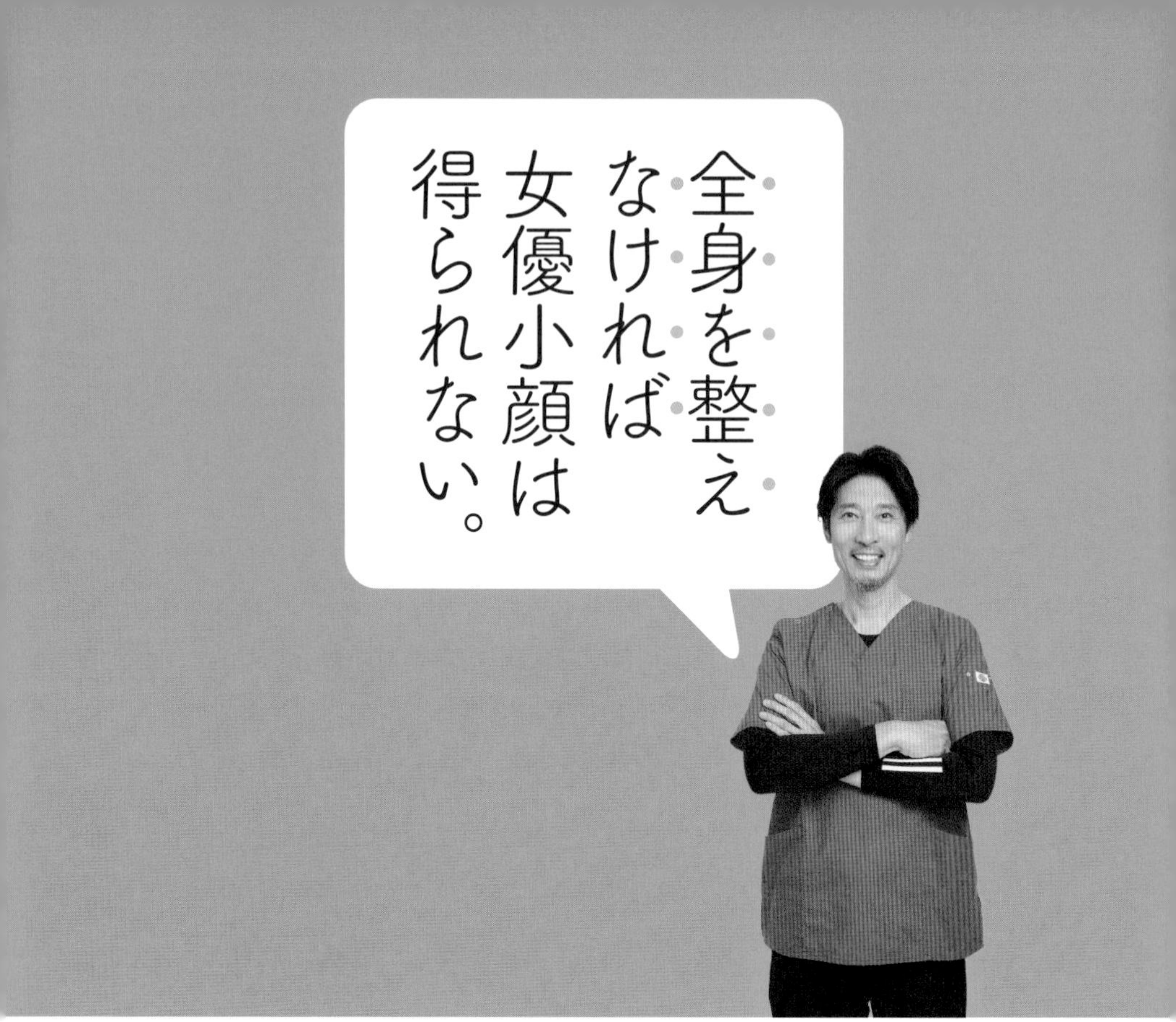

HOW TO GET A SMALLER FACE

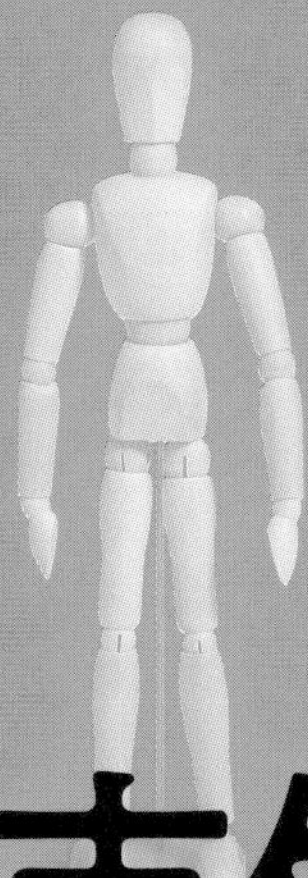

STEP 2

次は
小顔を支える
【軸】【根本】を意識

整え&流す

□ 関節の可動域を広げる

□ 力んだ上半身を緩める

□ 下半身のむくみを改善

大顔を寄せつけない
日中の上半身ストレッチ

マッサージで顔の筋肉、筋膜の緊張をほぐしたら、ストレッチで顔を支える、首、肩、そして上腕などの関節の可動域を広げて血流と代謝をアップしましょう。一度整えた女優小顔が元に戻りにくくするには上半身の流れの良さ、しなやかな筋膜との連動が必要不可欠になってきます。

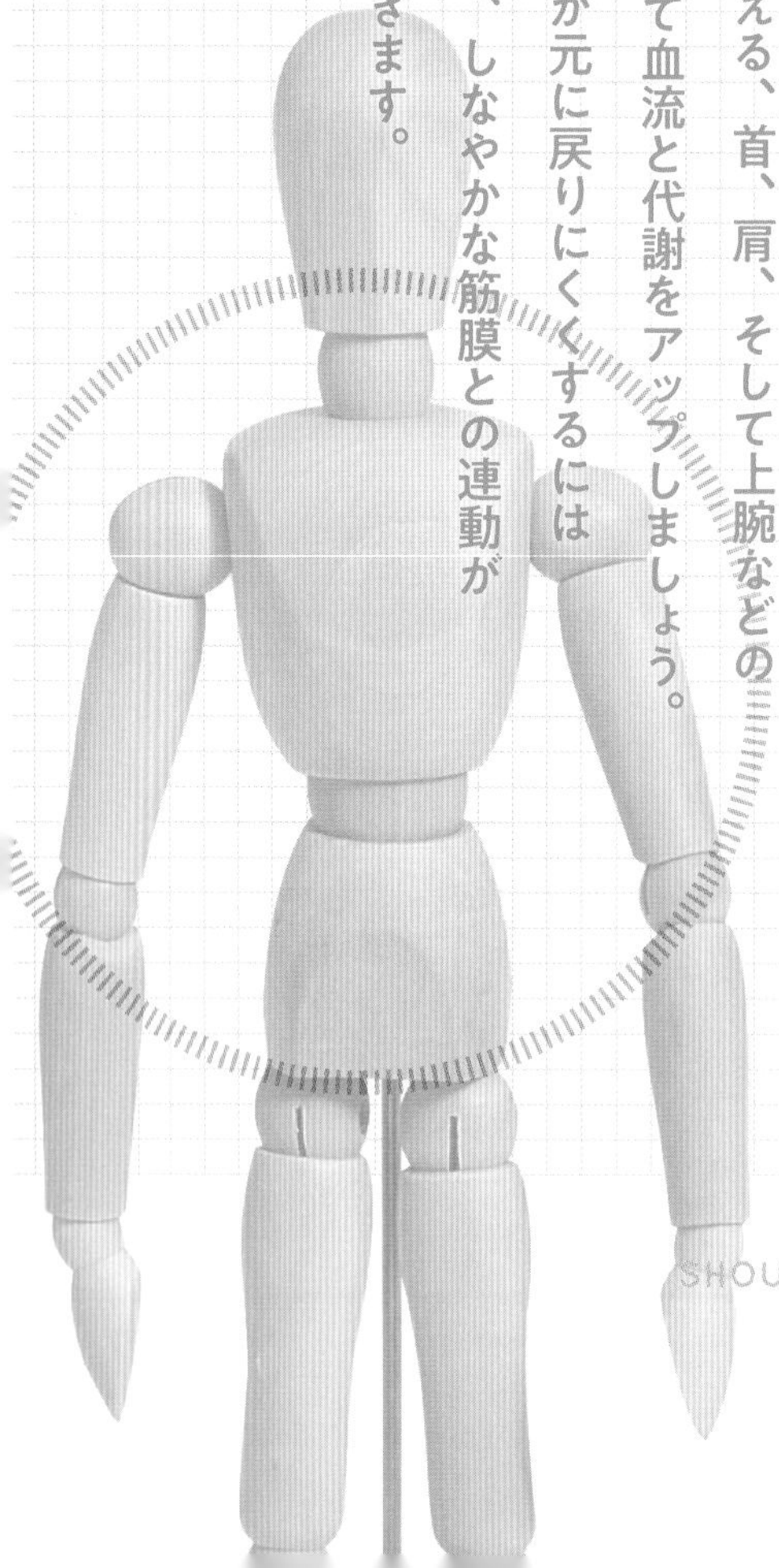

SHOULDER AREA STRETCHING TECHNIQUES :

HOW TO GET A SMALLER FACE

緊張した後は必ず!

肩のこわばりをほぐす

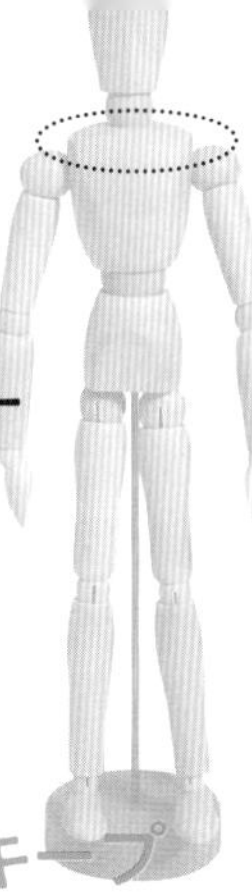

肩や背筋に余計な力が入っていたら、
肩を動かすことでほぐして、本来の姿勢を取り戻します。
肩が下がると首のラインがスッとして、長く美しく見えます。

ストンと下ろす

肩を上げて2秒キープ

10〜15回!!

リズム良く
行いましょう!

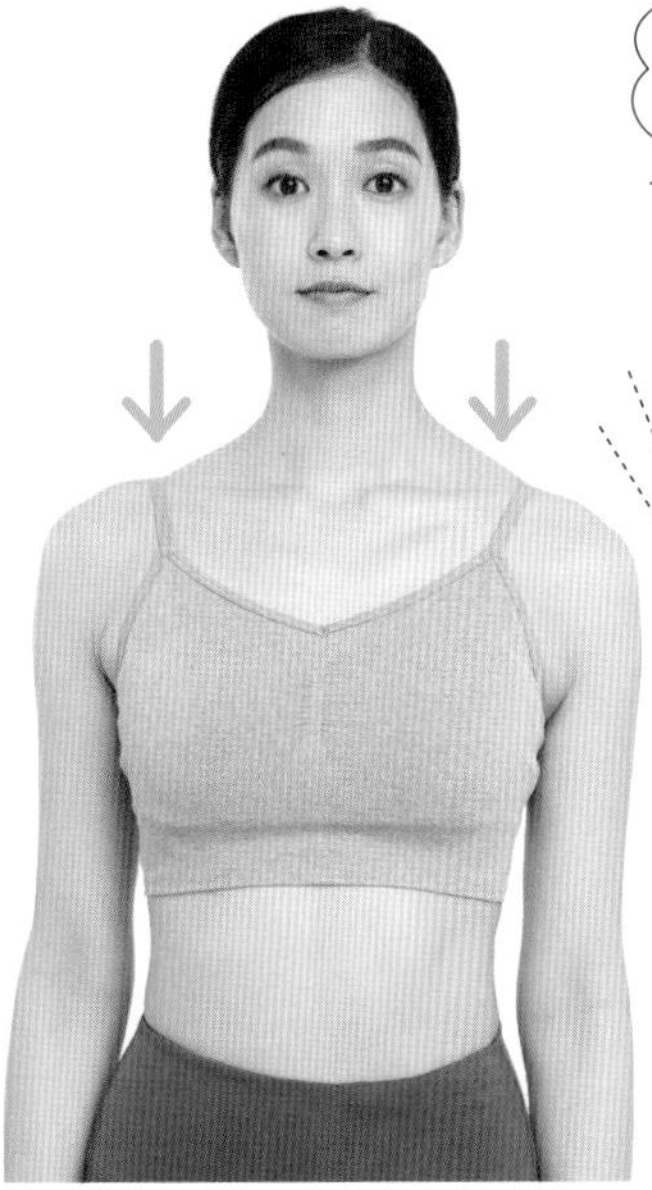

肩の力を抜いて、腕の重みでそのまま下にストンと下ろします。首に余計な力を入れずにリラックス。

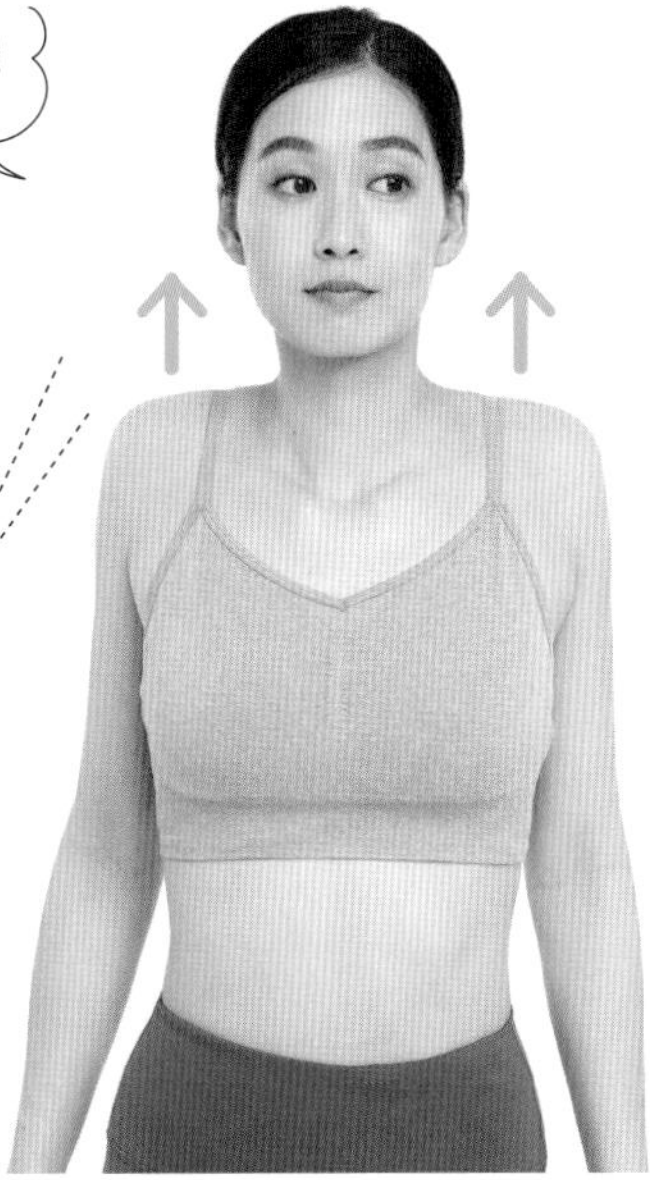

肩の上げ下げ運動。胸を張って、肩が上に引っ張られるようにすくめて2秒キープ。

CHECK

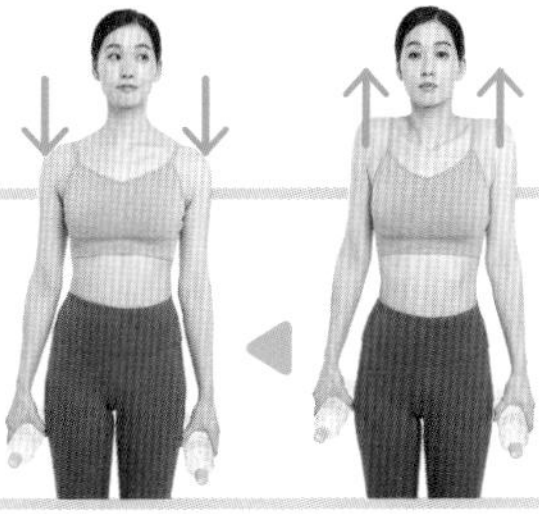

もっと効果を出すには 500ml のペットボトルを持って

水が入った500mlペットボトルで負荷をかけると、重さが加わってより効果を期待できます。

休憩&トイレで1分

固まる前に巻き肩を正す

巻き肩とは、肩が前に出て内側に巻き込んでいる状態。そのままにしておくと前傾姿勢になり、顎と首が前に出て、結果顔が歪みます。

ストレッチで肩周りの関節の可動域を広げて、正しい状態、位置に戻します。

肩の緊張をほぐすことも小顔キープへ繋がるのです。

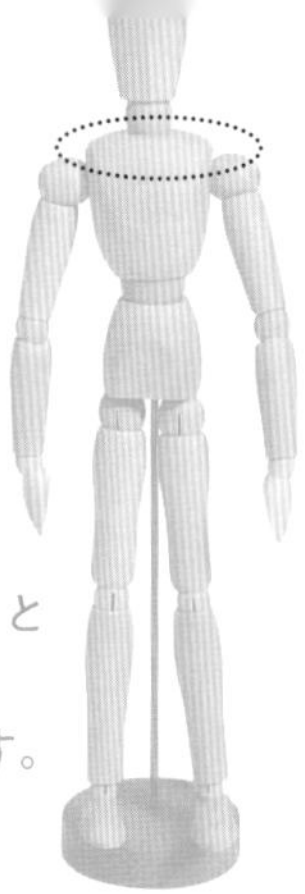

STEP 1 ヒジを肩の上でキープ

左右それぞれ
10~15秒
キープ

まずは静的ストレッチでこわばった筋肉を
ゆっくり伸ばして、ウォームアップ。

CHECK

軽く肩甲骨にタッチ！

ストレッチの目安は、伸ばしている側の指先が肩甲骨に軽く触れるぐらい。指先が届かないときは、反対側の手でヒジを少しだけ後ろへ押すとやりやすいはず。

STEP 2

肩に軽く手を当てる

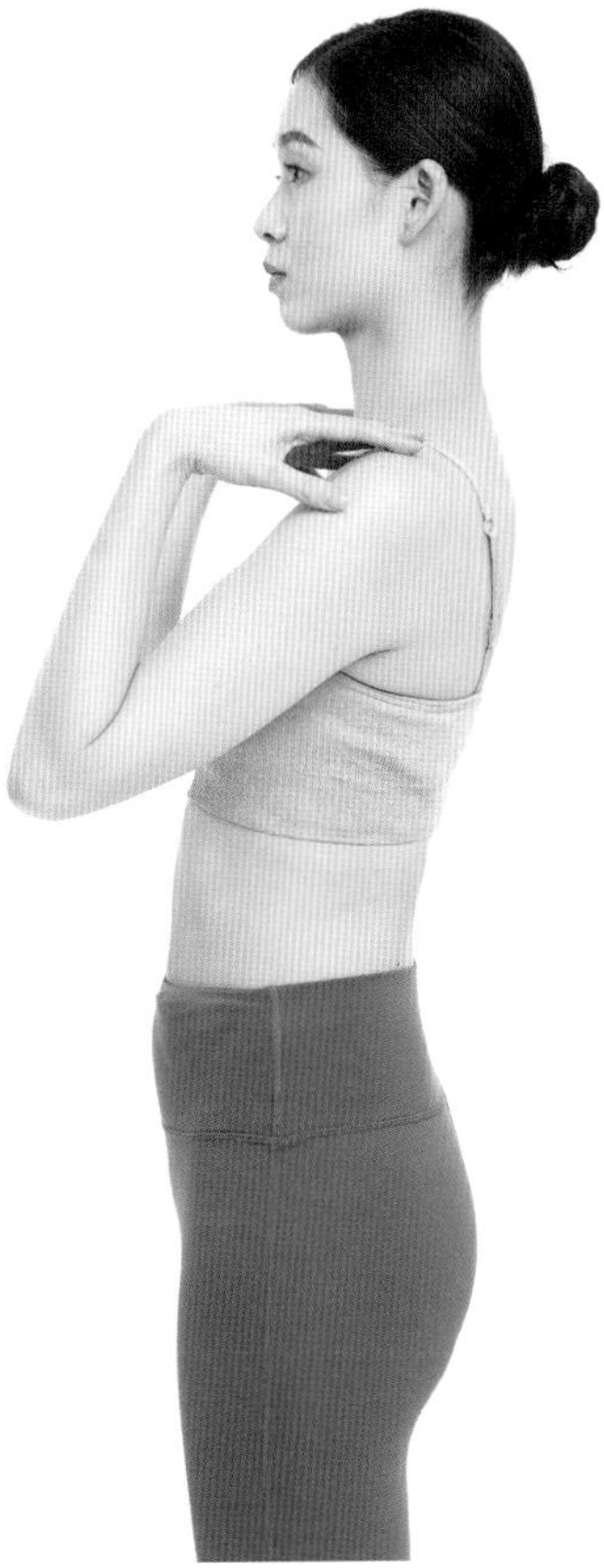

腕の重さを使って、肩周りの動きをスムーズにするストレッチ。まずは両肩に軽く指先を当てます。

ぶらんと下ろす

体の横へと腕をぶらんと振り下ろす。10〜15回繰り返して。

STEP 3

後ろで手を組む

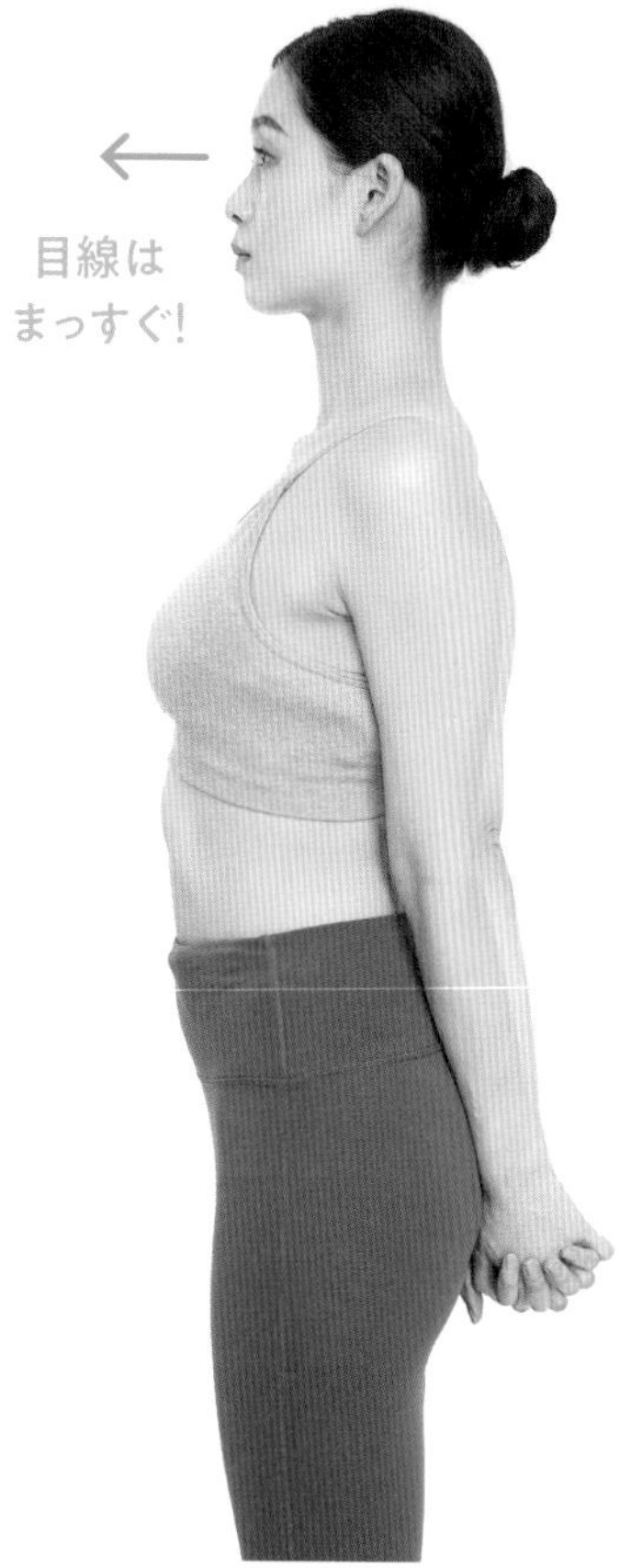

巻き肩改善はもちろん、バストアップ&二の腕のたるみにも効果的なストレッチ。肩の位置を下げるように意識して、両手をお尻の後ろで組みます。

上げ下げを繰り返す

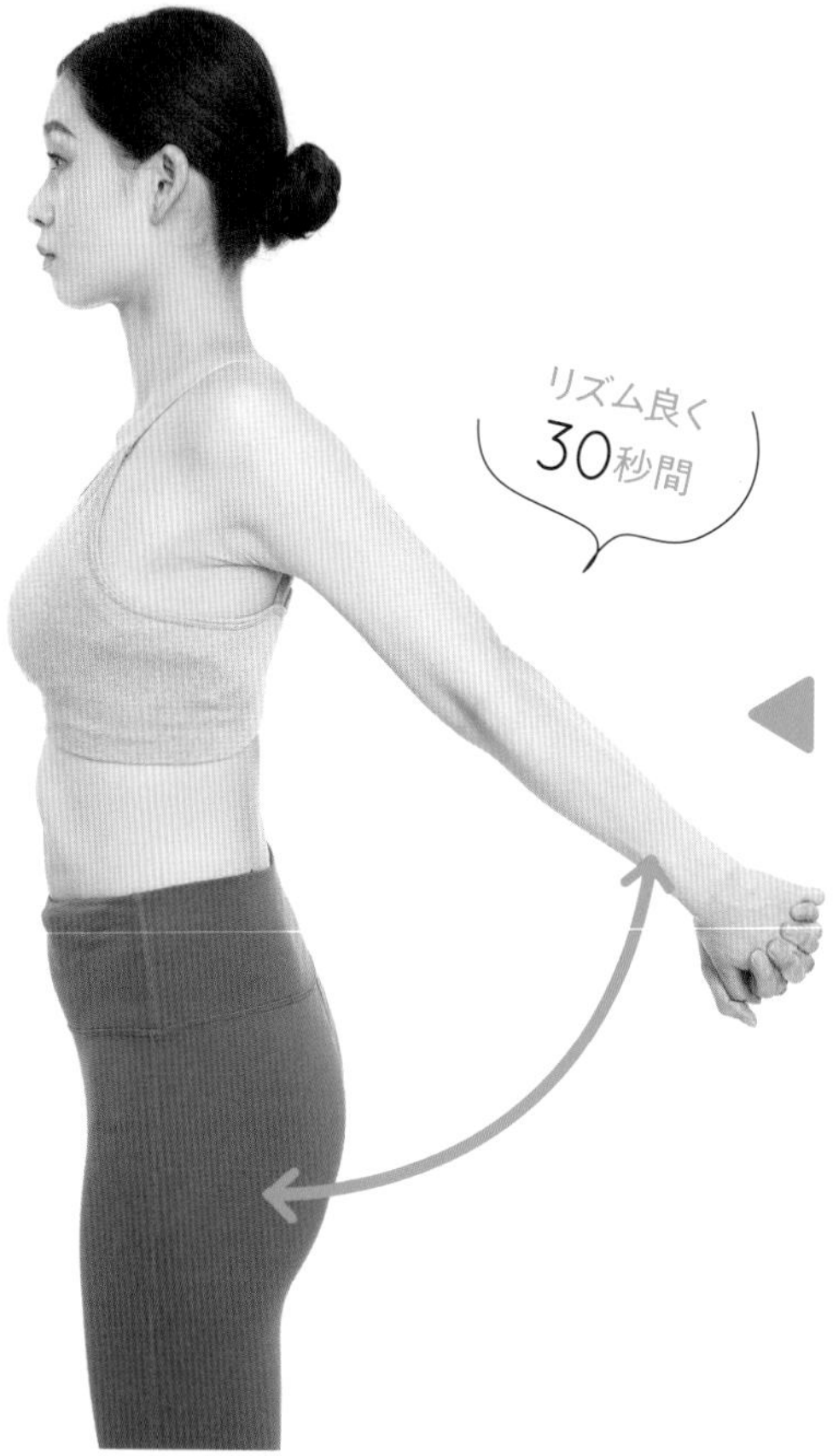

組んだ手のひらを肩の付け根から持ち上げるように、リズム良く30秒間、上げ下げを繰り返します。1分を超えると筋トレになってしまうので、やり過ぎには注意。

STEP 4

ヒジの上げ下げで脇の下ストレッチ

左ヒジをグッと上げ、左の肩甲骨に軽く手を添えます。右ヒジは下ろした状態で肩に手を当てて、キープ。

反対のヒジを上げる

リズム良く30秒間!!

右ヒジを上げて、左ヒジを下ろします。この動作を交互に30秒間繰り返して、脇の下と肩の後ろをしっかり伸ばします。

スマホを1時間使ったら2セットでリフレッシュ！鼻呼吸で輪郭がすっきりと整う

スマホやPC作業で下向きの姿勢を続けている人や、顎を引き過ぎている人、食事をするときに噛む回数が少ない人は、**顎下の筋肉が縮こまって凝り固まっていたり、運動不足で緩んでいる状態。**どんどんもたついて、顎下から首にかけてのフェイスラインが曖昧になっていきます。

そんなフェイスラインが緩んで見えてしまう原因となる、**顎下の顎舌骨筋と顎二腹筋をきゅっと鍛えるために最適なのが、上を向いて行う鼻呼吸です。**上を向いたまま鼻から息を吸ったり、吐いたりすると、顎下の筋肉が動くのが分かると思います。これが大切！　また上を向いて行うことで首のストレッチ効果も得られます。この呼吸をするときに、むせてしまう人は筋肉がかなり弱っている状態です。下向きの姿勢をし過ぎです！　1時間、下向きの姿勢でスマホを見続けたら、2セット行ってリフレッシュしましょう。

2〜3秒

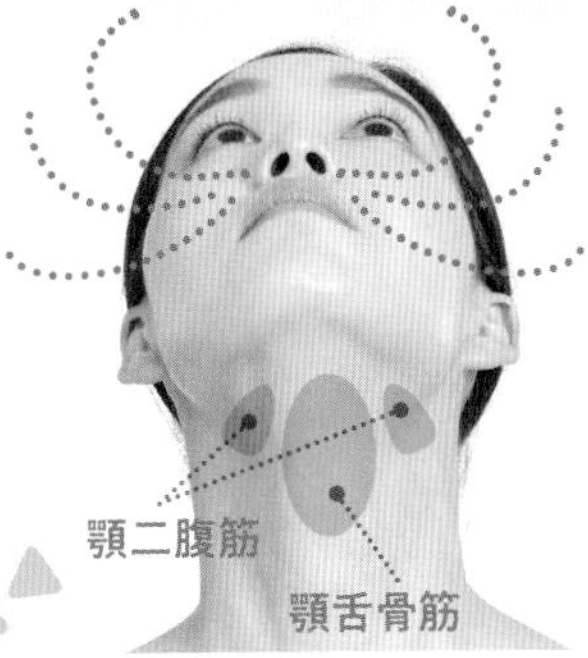

鼻から息を吸う

上を向き顎下の筋肉を伸ばしながら、2〜3秒かけて鼻から息を吸います。伸びている感覚がある人は筋肉が固まっていた証拠。

呼吸 2

呼吸 1

舌を上に出す

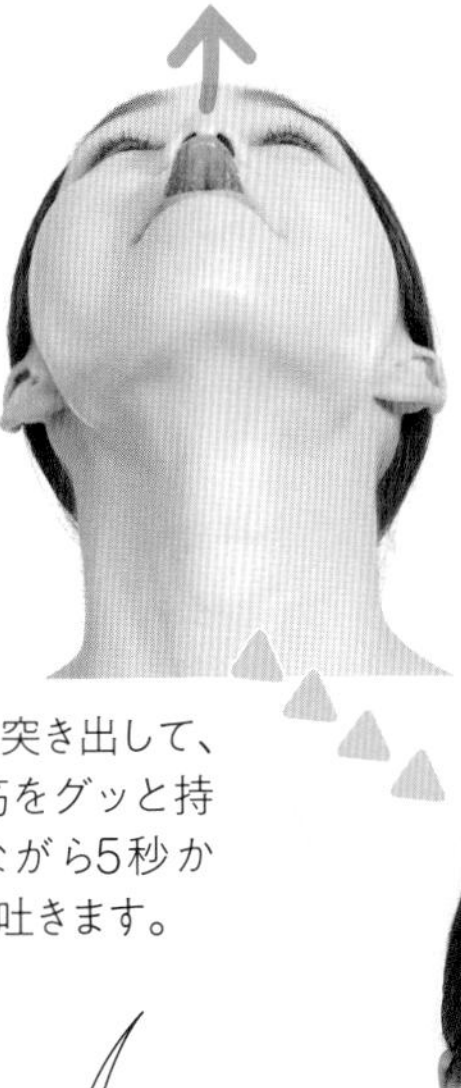

「う〜」の口で吐く

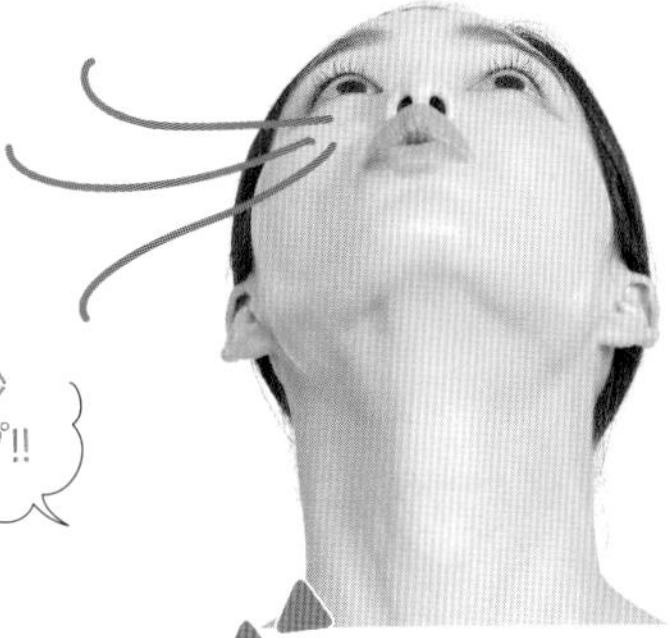

5秒
キープ!!

舌を上に突き出して、顎舌骨筋をグッと持ち上げながら5秒かけて息を吐きます。

“う〜”と発音するときの唇の形のまま、5秒かけて息を吐きます。

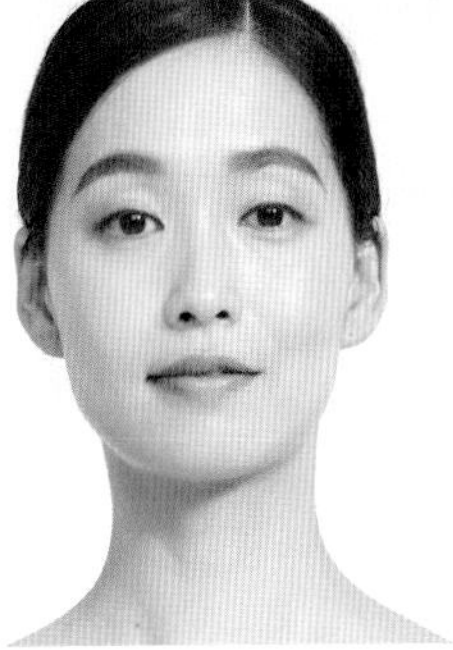

呼吸1 と 呼吸2
各5セットずつ

正面を向く

顔を正面に戻して、首の緊張を取ります。

CHECK

口から吸うのでは効果がありません！

意識したいのは“鼻呼吸”すること。上向きで鼻から息を吸うと、口呼吸では動かない顎下の筋肉が自然に動き出します。また毛細血管の多い鼻から息を吸うことで体温も調整できます。のぼせ対策に鼻呼吸は有効です。

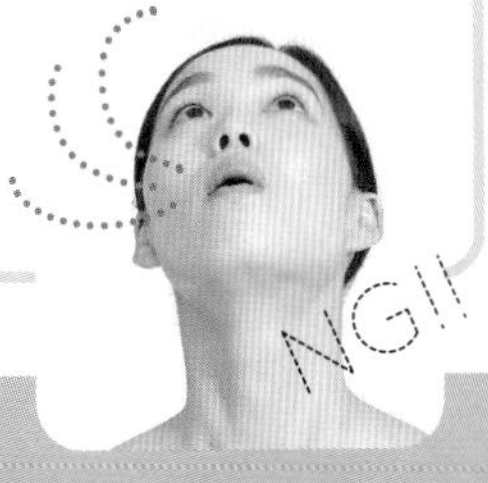

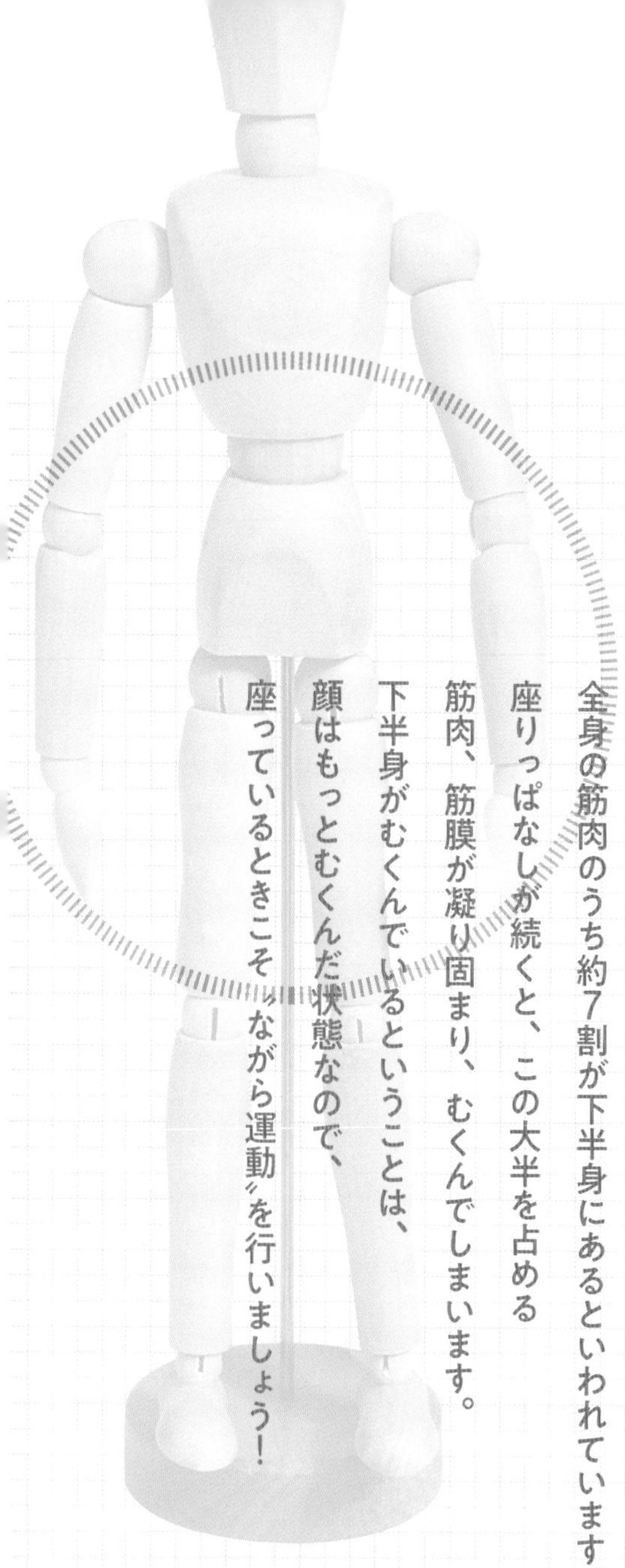

90分に1回は意識！
座りながら下半身ストレッチ

全身の筋肉のうち約7割が下半身にあるといわれています。
座りっぱなしが続くと、この大半を占める
筋肉、筋膜が凝り固まり、むくんでしまいます。
下半身がむくんでいるということは、
顔はもっとむくんだ状態なので、
座っているときこそ〝ながら運動〟を行いましょう！

LOWER BODY STRETCHING WHILE SITTING :
HOW TO GET A SMALLER FACE

01

まずは全身をリフレッシュ

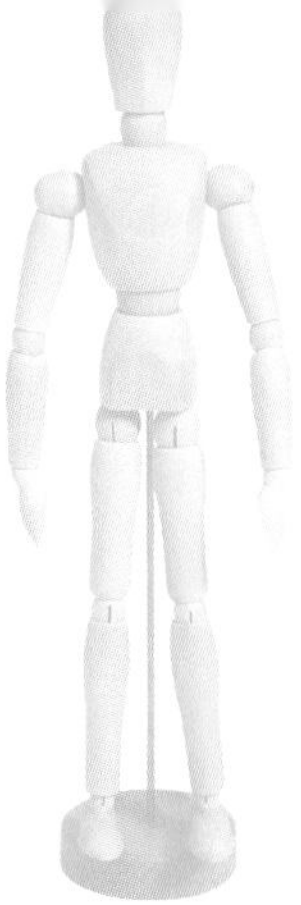

正しい姿勢であっても、同じ体勢、座りっぱなしは避けて！
ときに腰から背筋を伸ばして緊張させたり、緩めたりして
全身を刺激しましょう。

だら～んと緩める

胸を張る

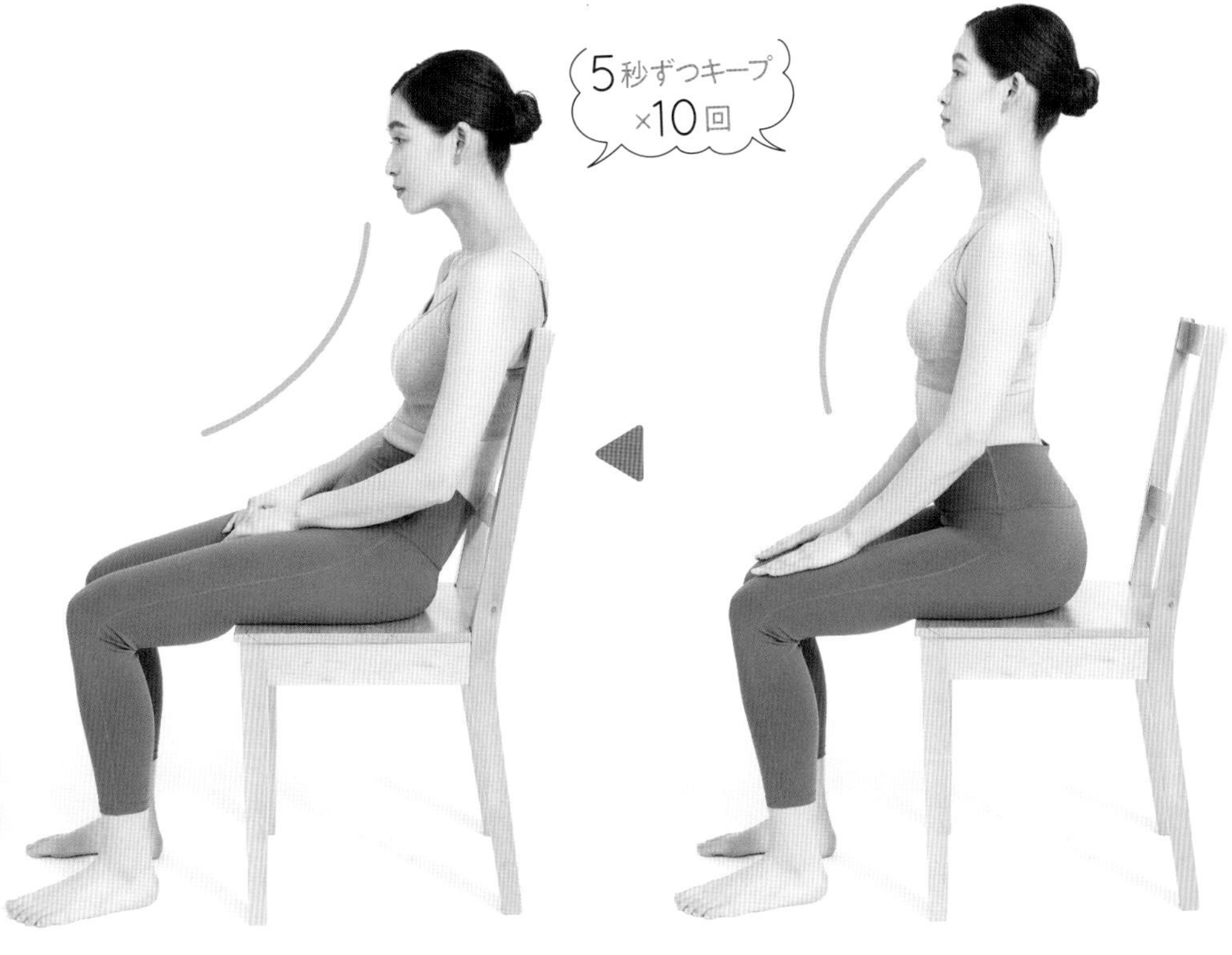

背もたれに寄りかかるように、だら～んと力を抜いて、全身を緩めます。力を入れたり、緩めたりを10回程度繰り返して。

横隔膜を左右に広げるように胸を張って、お腹や背筋に力を入れます。

02

ふくらはぎで血流アップ

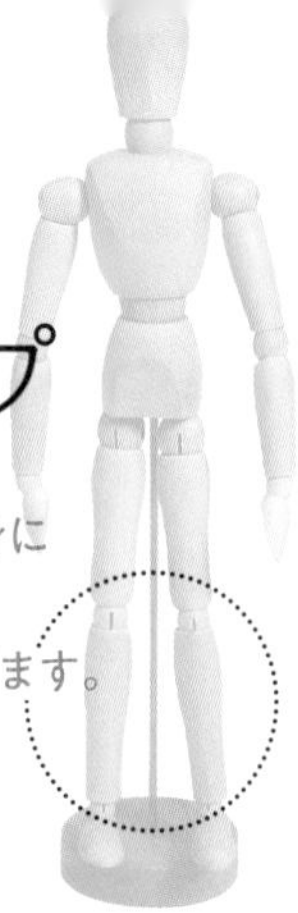

第二の心臓とも呼ばれている「ふくらはぎ」は、下半身から上半身に
血液を送るポンプの役割を果たす重要なパーツです。
かかとの上げ下げで筋肉を刺激して血流を促すと、むくみも和らぎます。

かかとを下げる

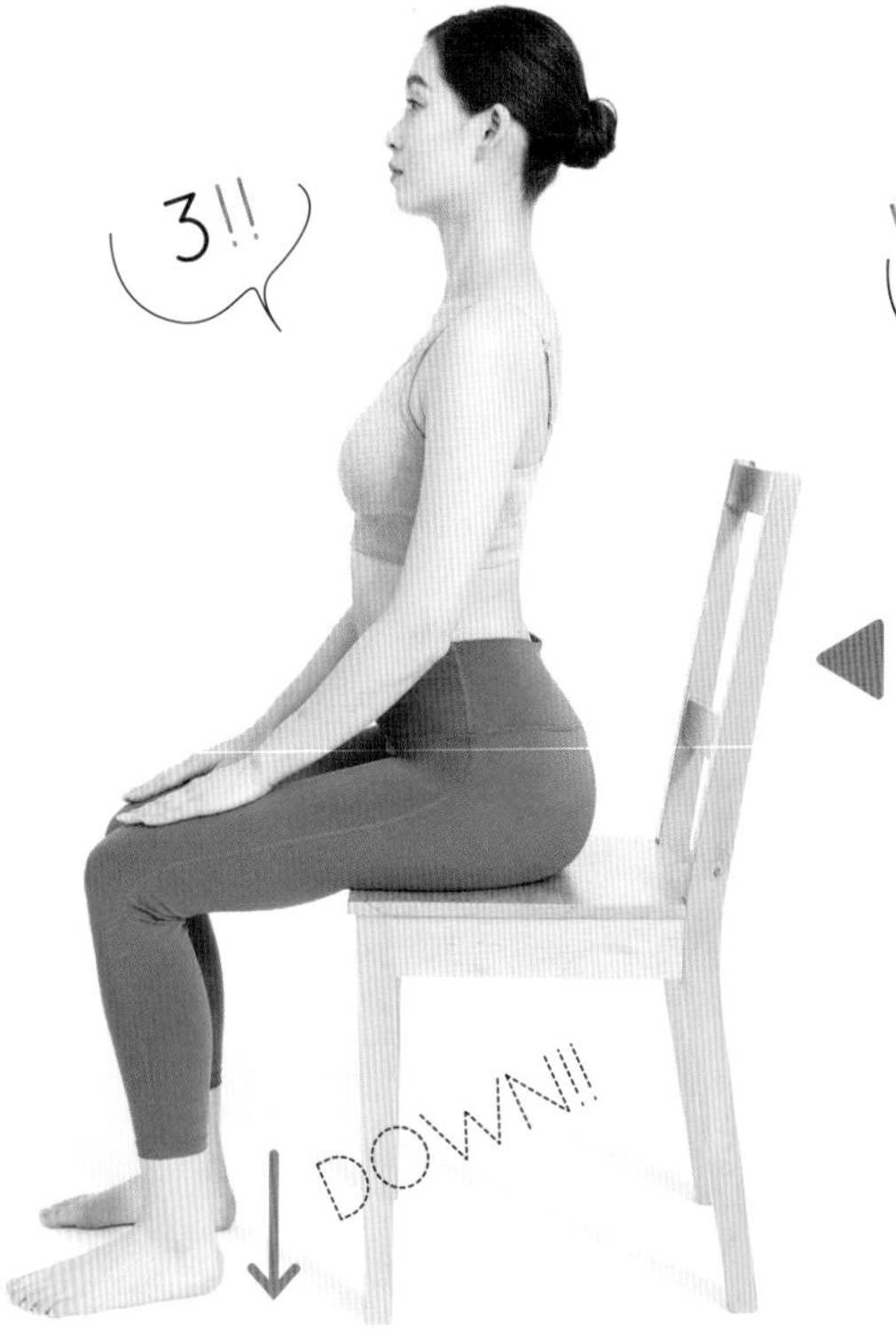

3でストンとかかとを下げます。リズム良く上げ下げを10回繰り返しましょう。

かかとを上げる

姿勢を正し、肩幅に足を開いてから1、2のリズムで足の指先に力を入れて、かかとをグッと引き上げます。

03

股関節を緩める

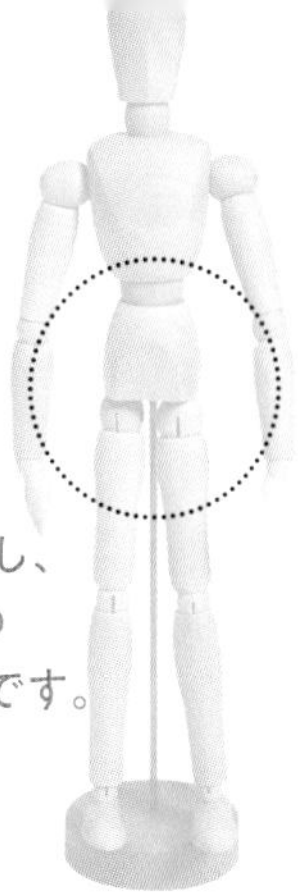

股関節と顎関節は連動しているといわれています。
女性は股関節が広がりがちで、そこがずれて歪むと顎関節へも影響し、
顔も併せて傾いたり、歪んだりしがち。このストレッチで股関節の
可動域をスムーズにして正しい位置へ。太ももの引き締めにも効果的です。

かかとを上げる

まずは背もたれに背中がつかないよう姿勢を正します。ヒザを閉じて、かかとを少し上げます。手はヒザの上に軽く置きます。

ヒザを開く

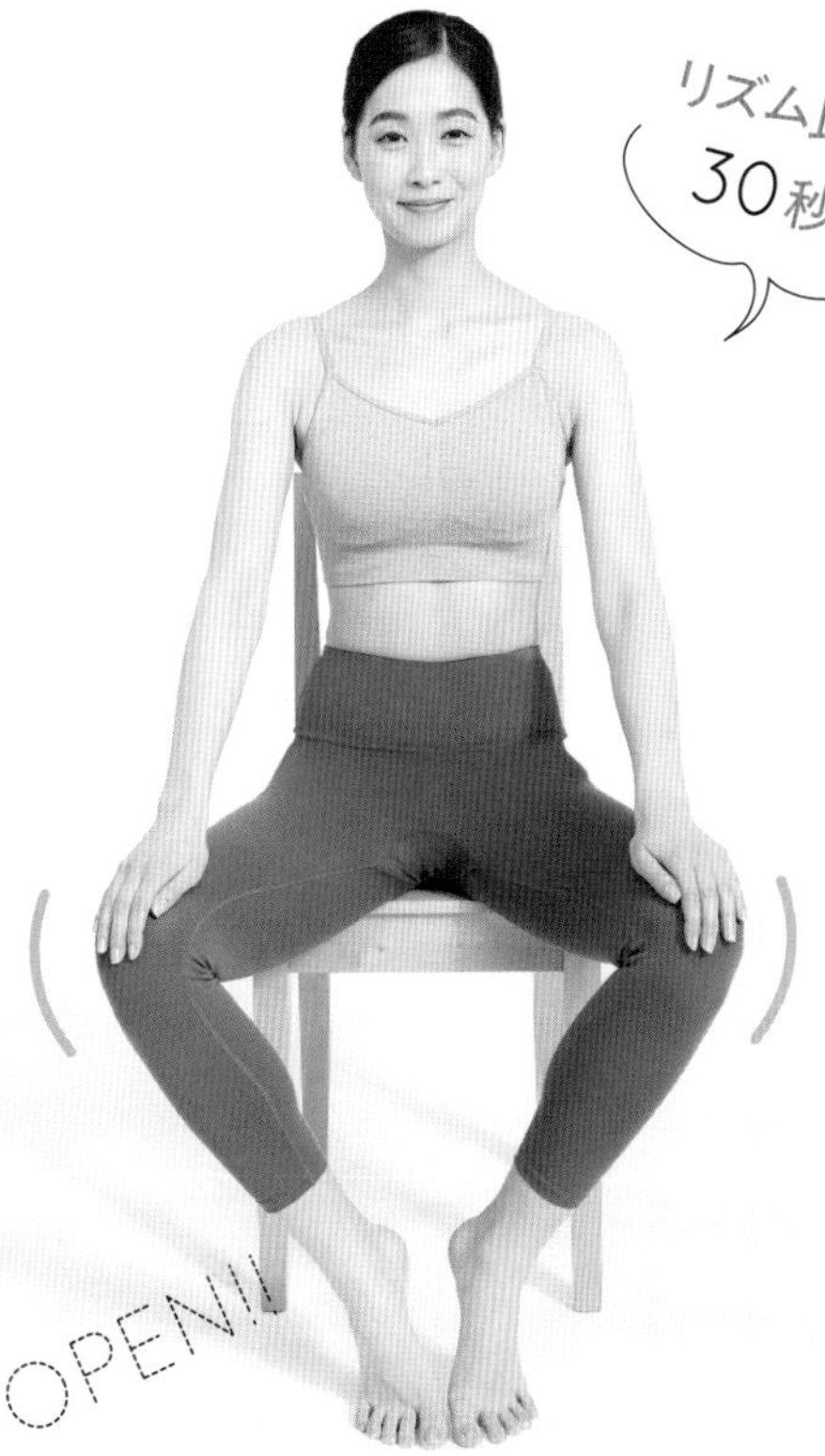

つま先の位置は動かさずにかかとを上げたまま、ヒザを大きく開きます。開いたり、閉じたりを30秒間繰り返します。足の付け根から大きく開くように意識して。

04 ぽっこりお腹をリセット

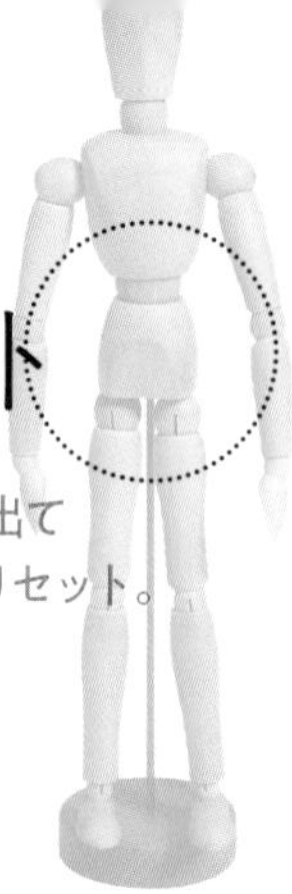

猫背のまま、前かがみで座って作業していると自然とお腹が前に出て
ぽっこり状態になりがちです。そのまま放置せず、定期的にしっかりリセット。
腹斜筋と腸骨筋を鍛えてくびれも手に入れましょう！

お尻の左側を上げる

お尻の右側を上げる

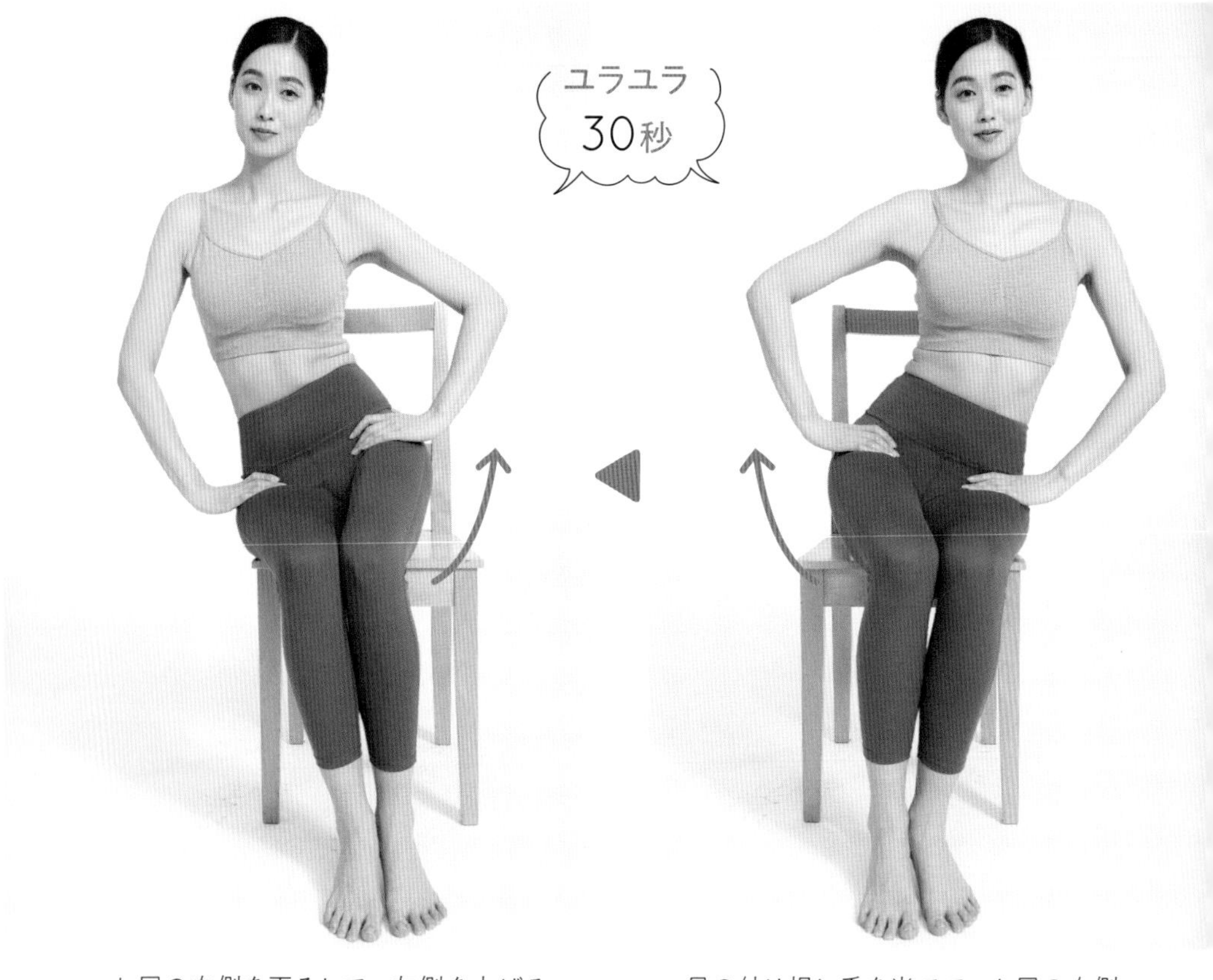

お尻の右側を下ろして、左側を上げる。上げた方のお尻の脇腹がぎゅっと縮み、下ろしたお尻の側は伸びているのを感じて。

足の付け根に手を当てて、お尻の右側を引き上げます。顔を傾けず、肩も上げず平行のまま重心は体の中心を意識。

LEVEL UP!

足を組んでチャレンジ

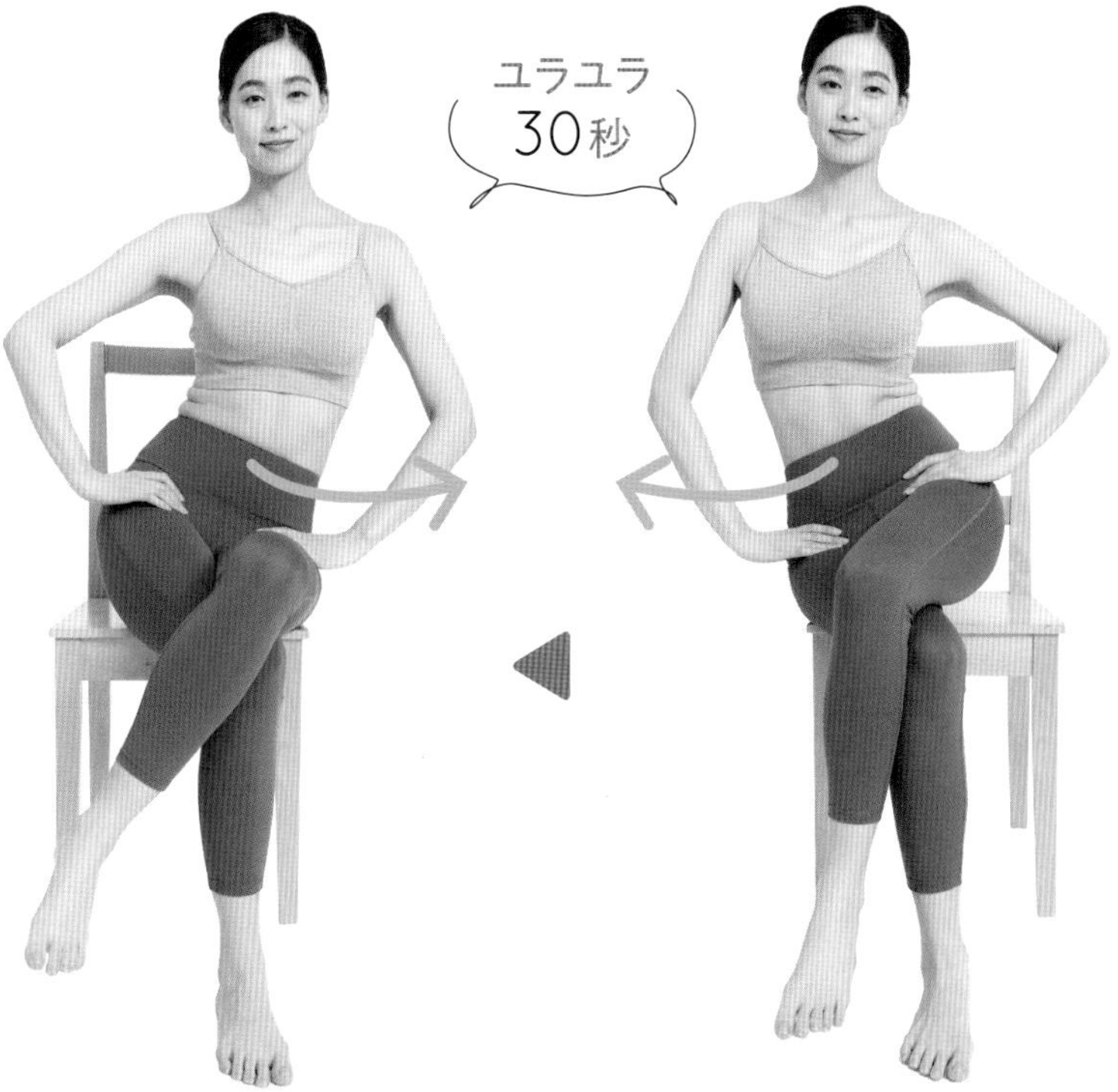

お腹周りにより負荷をかけたいという人は、足を組んでチャレンジ。左足を上にして組んで、そのままユラユラと左右に30秒。足を組み替えてさらに30秒。足をよく組むという人は、体が傾かないよう自然とバランスを取っているだけ。こういった運動を取り入れてバランス調整するのがおすすめです。

05

足裏もほぐす

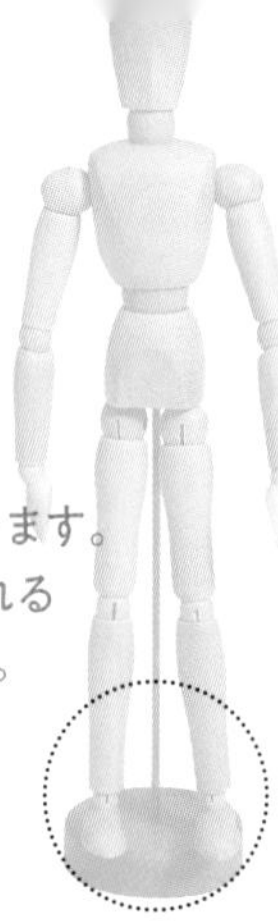

体全体を支えている足裏の筋肉、足底筋はふくらはぎと繋がっています。
足裏を健やかな状態にお手入れすることは、第二の心臓といわれる
ふくらはぎのケアにも通じており、むくみの解消に繋がります。

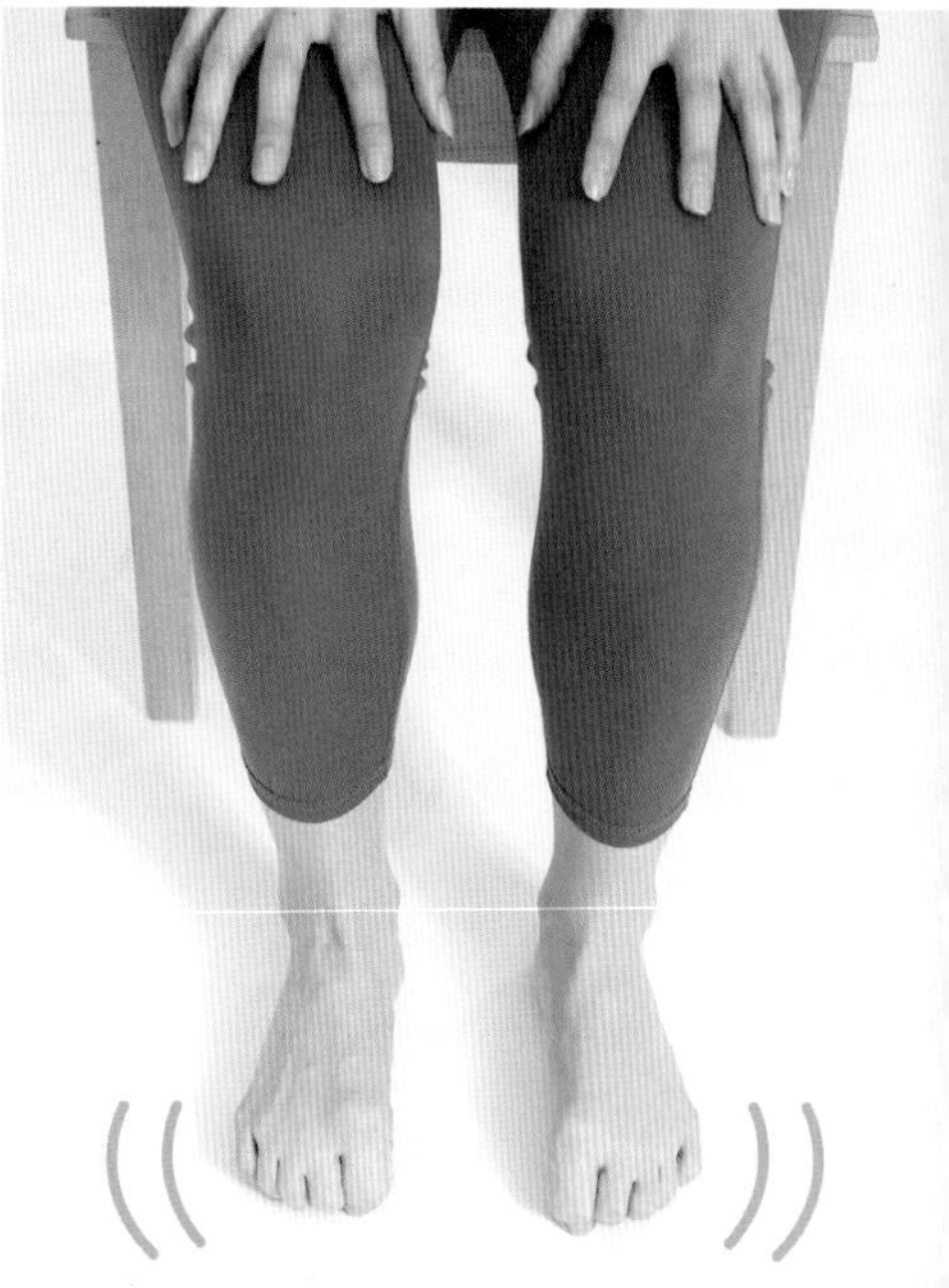

パー!!

足の指を左右に全開に広げます。最初はなかなか開きにくいもの。タオルを、足の指でたぐりよせるトレーニングも効果的です。

グー!!

かかとをしっかり床に押し当てて、足の指をギューッとグーに。

立ったり座ったり するだけでも 立派な運動になる

みなさんは1日のうちどのぐらい座っていますか？　デスクワークの方は1時間、2時間座りっぱなしという人も多いのではないでしょうか。STEP 2では、イスに座ったままできる〝ながら運動〟をたっぷりと紹介してきましたが、たとえば手の届くところに飲み物を置かずに、喉が渇いたら一度立って、キッチンや給湯室まで飲み物を飲みに行くというだけでもOK。スカートを整えるために、少しお尻を浮かすような動きでも良いのです。

とにかく長時間同じ体勢を続けずに筋肉を動かせば、代謝が促進され、血流アップ、むくみケアに繋がります。〝運動をしましょう〟というと、ジムやランニングが思い浮かぶかもしれませんが、そんなにハードルを上げなくても構いません。**必要なものすべてをデスクに置かず、必要に応じて立ち上がって取りに行く。**まずはそんな身近な動作を増やすことから始めてみてください。

意識次第で呼吸が筋トレに?! 輪郭の緩み・ぽっこりお腹を鍛える

もうひとつ、実は立派な筋トレになるのが呼吸です。ここでいう〝呼吸〟とは、**口から吐いて、鼻から吸う、お腹の筋肉を使う大きな呼吸=腹式呼吸です。**インナーマッスル(腹横筋、内腹斜筋、外腹斜筋)を鍛えることができるので、ぽっこりお腹の解消に役立ちます。さらに、鼻呼吸は頬や顎周りの筋肉も使うので、フェイスラインの引き締め効果も。24時間、生きていれば、**誰もが当たり前にしている呼吸が、筋トレになるのです。**

やり方は立ったままでも、横になってでも、どちらのスタイルでも構いません。立って行う場合は、お仕事の合間の気分転換や、電車を待っている間の隙間時間にもぜひ。横になって行う場合は、朝起きて体を目覚めさせるために行うのがおすすめです。

横になって…

口から息を吐く

6秒かけて息をお腹の奥から吐き切って、できる限りお腹を凹ませます。

鼻から吸う

4秒かけて細い糸をイメージしながら鼻から息を吸います。お尻をきゅっと締めて、お腹に風船があるイメージで空気をためます。

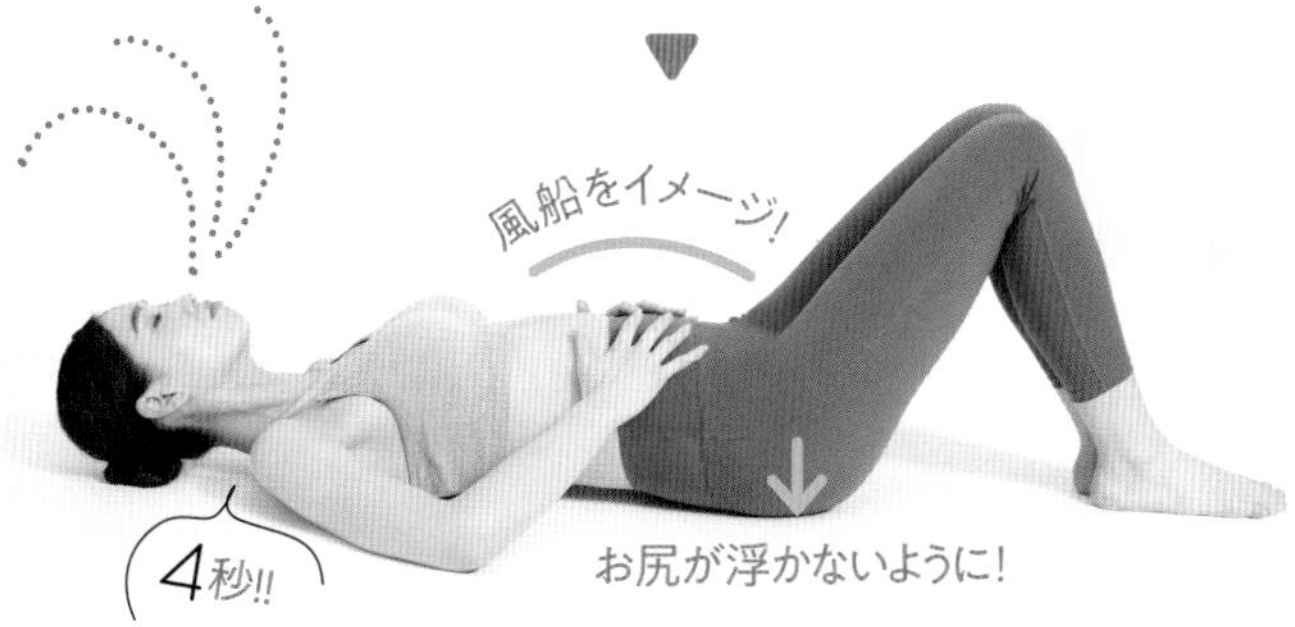

立ったままで…

鼻から吸う ◀ 口から息を吐く ◀ 姿勢をチェック

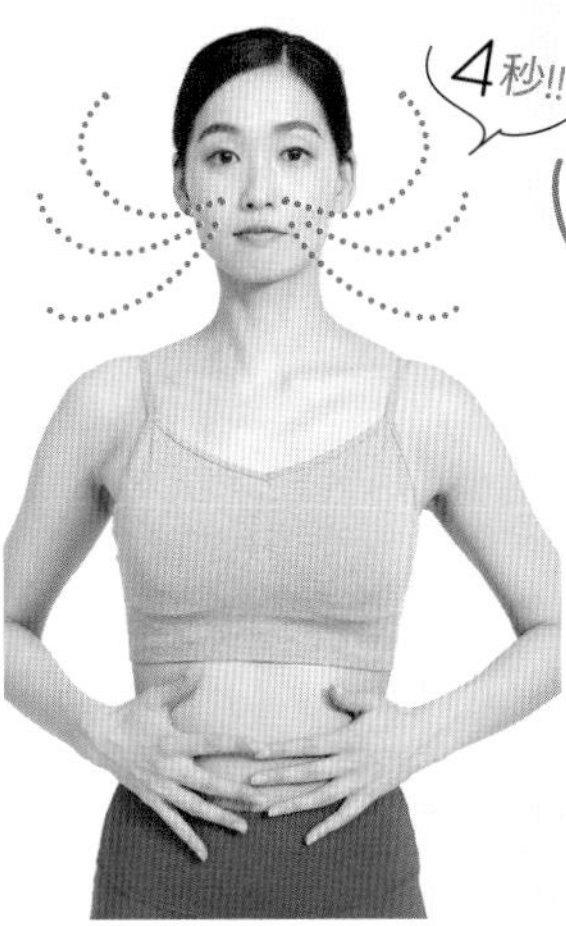

4秒かけて息を吸い込みましょう。

やり方は仰向けで行う場合と同じ。6秒かけて息を吐き切ります。

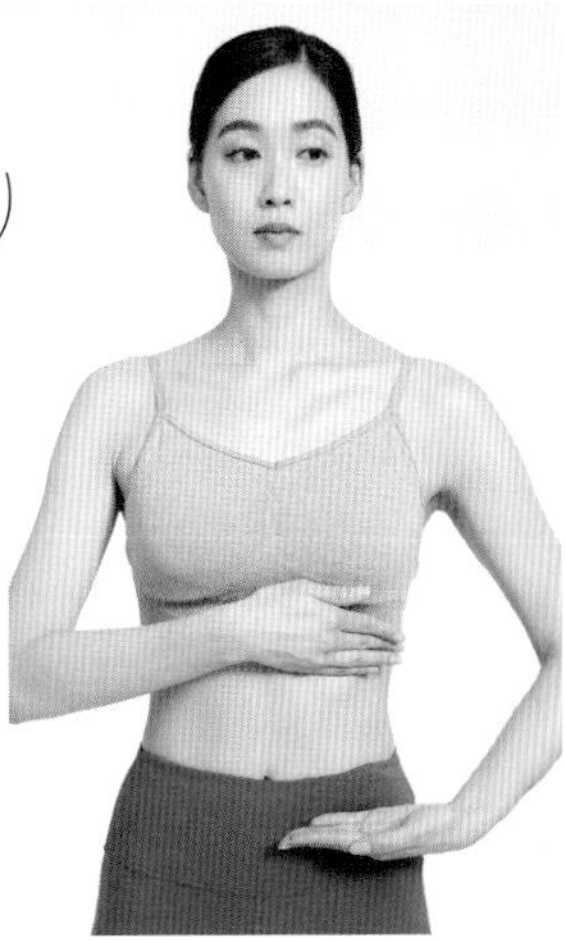

背中とお腹の筋肉を伸ばして、正しい姿勢で行いましょう。

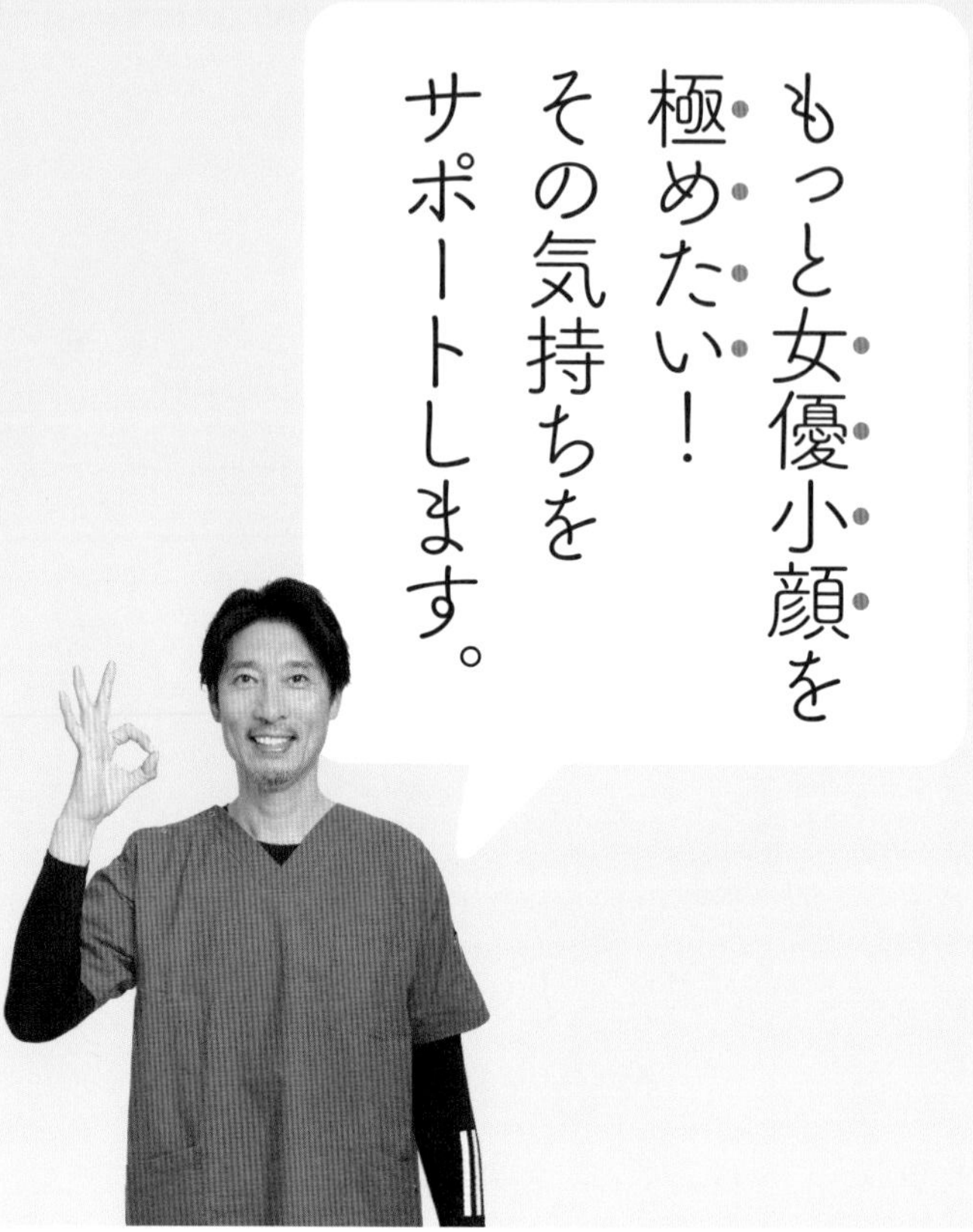
もっと女優小顔を
極めたい！
その気持ちを
サポートします。

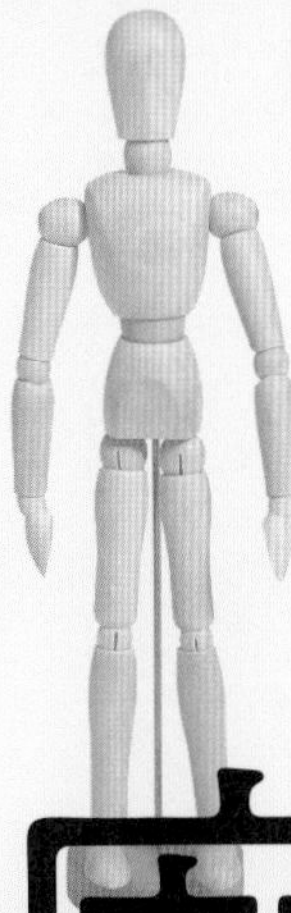

SPECIAL CARE

骨格矯正歴30年だからわかる

見直しポイント

磨きあげる

□ テニスボールを活用

□ 簡単!　ながらケア

女優小顔が遠のく 凝り固まり、たるむワースト パーツ15

ここからは小顔を揺るぎないものにしていきたいという人に見直してほしい15のポイントを紹介します。顔ではなく、上半身や下半身にあるポイントですが、ココが凝り固まったり、たるんでいると、必ず顔にまで影響が出てきます。

体はこぶしを使ってケアをするのも、もちろん良いのですが、**テニスボールを活用するのがおすすめ**。手が疲れないですし、洋服の上からでも大丈夫。適度な硬さと大きさなので、心地よくマッサージを深めることができますよ。**テニスボールでマッサージするときに痛みを感じたら、それは凝っている証拠**。しっかりとほぐすように心がけましょう。

週末ゆっくりと時間が取れるときに、ご自身の体と向き合いながらやるのも良し。ポイントによっては、**テレビを見ながら、デスクワークをしながら、〝ながらケア〟をしたり、寝る前に横になったついでにやるのも良いでしょう。**

見直し
POINT 01

ノースリーブを着こなせますか？ 脇の下や二の腕がたるむと顔もたるみます。

ヒジを上げて、脇の下のくぼみにテニスボールを軽く当てます。くるくると転がしながら二の腕の中間までマッサージ。左右15秒ずつ。

見直し POINT 02

女性はバストの重みで常に下へ引っ張られている状態！垂れ胸さんは要注意！

胸の付け根から胸の下あたりまで、テニスボールをくるくると左右15秒ずつ。体の中でも大きな胸の筋膜をほぐして、代謝アップ！

見直し POINT 03

見た目体重+3kg!
埋もれ鎖骨は
太って見えてしまっています。

鎖骨の下を内側から外側へテニスボールを転がします。左右15秒ずつ。顔までつながる広頸筋がほぐれて顔のたるみケアに効果的。

見直し POINT 04

太い首とパンパンに凝った肩は、うやむや輪郭の原因！

耳の下から肩の上まで、テニスボールをくるくると左右15秒ずつ。ストレートネックや肩こりのケアになります。

見直し POINT 05

歯ぎしりやくいしばりで、顔の横幅がサイズアップ。

耳の少し上あたり、噛んだときにやや盛り上がる部分にテニスボールを当てて、くるくると優しく転がします。

見直し
POINT
06

第二の心臓＝ふくらはぎが
むくみでパンパン。
それは大顔のシグナル！

ふくらはぎの外側、ヒザ下からテニスボールを手のひらでくるくると転がしながら、くるぶしの上までマッサージ。

見直し
POINT 07

メリハリのない寸胴ふくらはぎは血流が低下している証拠。

ふくらはぎの内側、ヒザ下からテニスボールを手のひらでくるくると転がしながら、内くるぶしの上までマッサージ。

見直し POINT 08

朝と夜で靴のきつさが違う。それ、むくんでます！

ふくらはぎがむくんでいれば、ほぼ足の甲までむくんでいます。足の付け根から、指先に向かってテニスボールを転がして流れを促します。

見直し
POINT 09

きちんと歩けていますか？ ペタペタ歩きは滞りを招く！

地面を踏みしめる力が弱いと、ふくらはぎに繋がる足裏の筋肉（足底筋）が機能せず凝り固まった状態に。足裏全体をテニスボールでくるくるとほぐし、筋肉をしなやかに。

見直し
POINT
10

猫背や反り腰は太ももの緊張にも繋がります。

姿勢が悪いとバランスを保つために、太ももの筋肉を酷使しがちで、凝り固まりやすくなります。足の付け根から、ヒザまで、太ももの外側をほぐします。

見直し
POINT 11

柔らかいはずが硬い?!
座りっぱなしでお尻の筋肉がカッチカチな人が急増中!!

座りっぱなしでいると凝りやすいのがお尻の筋肉。足を組んでイスに座って、お尻を浮かせて、足とお尻の境目を重点的にマッサージ。

見直し
POINT
12

前傾姿勢や猫背は
ぽっこりお腹を引き起こします。

悪い姿勢が引き起こすぽっこりお腹は、お腹の横ジワを伸ばすイメージでケア。体を少し傾けて伸びを感じながら、脇腹をテニスボールでくるくるとマッサージ。

13

見直し POINT

股関節が歪むと、顎関節も歪む、筋膜連鎖で大顔に！

日常生活で歪んだ股関節や骨盤を整える、ヒザ倒しストレッチ。仰向けに寝て、ヒザをそろえて90度に。そのまま左に倒して、10秒キープ。正面に戻して、右も同じく行います。

お尻のたるみは
顔のたるみ。

見直し
POINT
14

お尻の筋肉を鍛える運動。腕を横に広げ仰向けに寝ます。
そのままお尻を浮かせて、ヒザを開きましょう。閉じたり、
開いたりを15秒程度繰り返します。

15
見直し
POINT

ストレスフルで体がこわばると全身の血流が低下！

全身の緊張をほぐす猫のポーズ。四つん這いになり手首は肩の真下、両ヒザは足の付け根の真下に。鼻からゆっくり息を吸いながら背中を反らし、吐きながら背中を丸めて。

マッサージやストレッチは自分を大切にすることと同じ

マッサージとストレッチをたっぷりと紹介しましたが、習慣化できそうでしょうか。まずはできることから、毎日続けてみてください。そしてみなさん、**もっともっとキレイになりたいと思ってくださいね。変わっていく自分を楽しんでほしいのです。**

僕のもとにはたくさんの女優さんが通ってくれていますが、彼女たちはセルフケアを決して怠りません。**何もやっていないのにキレイな人というのはありえない……と身近で見ていて感じます。**もし生まれ持ったものがあったとしても、必ず努力しています。マッサージやストレッチで自分を労わって、健やかでキレイでいられることは、自分を大切にすることと同義です。朝、鏡に映る顔を見て「いい感じだな」と思えるようになると、マインドもポジティブに変わっていきますよ。

EPILOGUE

毎日、鏡で
見たくなる顔に！

容姿に自信が持てるようになると、笑顔が輝き出します。鏡を見ることが楽しくなるはず。コロナ禍でマスクありきの顔が当たり前になり、隠れてしまうからと無表情が増え、笑い方が分からなくなってしまったという人も多いでしょう。**実は顔の筋肉をたくさん使う笑顔は、小顔作りと切り離せません。**マッサージで顔のコリをほぐすことは、いわば**笑顔の準備体操です。**笑顔は免疫力アップや脳の活性化に繋がるともいわれています。**小顔を意識することは健康的な美しさを手に入れることにも通じます。**小顔になることにとどまらず、ご自身のベストの顔・表情を手に入れてください。**みなさんがもともと持っている〝美人〟を発掘して磨き、キレイを育んでいきましょう。**

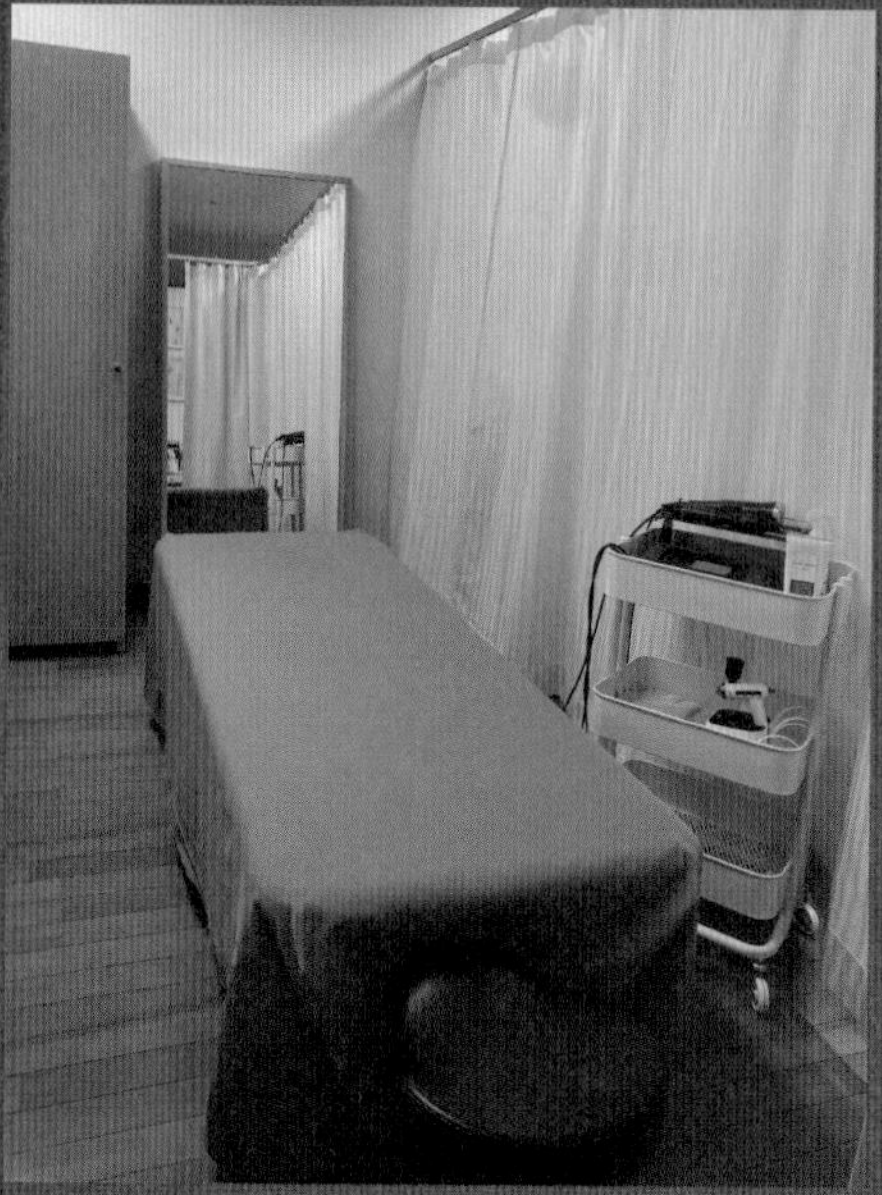

お悩みに合わせた
施術で
不調から解放します

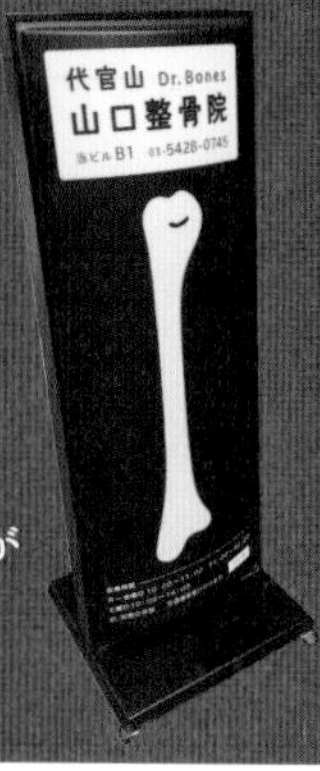

この看板が
目印!

info:
東京都渋谷区
恵比寿西1-17-10 B1
03-5428-0745

＼ 予約3か月待ち！ ／

女優やモデルが足繁く通う
代官山山口整骨院

恵比寿駅からも、代官山駅からも、徒歩5分ほどのところにある代官山山口整骨院。祖父から三代に亘って受け継がれた、ほねつぎ、整骨の伝統的古典療法「山口式古典療法」を著者も学び、それに基づく知識を応用。変化する生活習慣に合わせたオリジナルの美容ボディバランス整体（小顔・O脚・猫背矯正など）が口コミで広がり、足繁く通う女優やモデルが後を絶たない。著者による施術は3か月待ちというほどの支持を受ける。

CLINIC

info:

東京都渋谷区
恵比寿西1-17-12 3F
090-5214-8586

＼ ほぐす × 鍛える！ ／

美ボディを目指す
ヤマグチビューティースタジオ

多くの女優やモデルのボディメンテナンスを手がける著者が監修するボディメイクスタジオのヤマグチビューティースタジオ(YBS)。痩身サロンとパーソナルジム、双方のいいところを融合。独自のメソッドに加えて、ブリリアントウェーブやパイラソード、INAZUMAなどの美容機器を用いて、トレーニング前に体をほぐしてから、オーダーメイドの美ボディトレーニングプログラムを提供する。効率よく女性らしい美ボディが目指せる。

STUDIO

著者紹介

山口良純

YOSHIZUMI YAMAGUCHI

代官山山口整骨院院長。1969年、栃木県足利市に生まれる。1990年、柔道整復師資格取得。祖父、父ともに整骨院院長。祖父の代から伝わる伝統的古典療法から最新のレーザー機器を用いたオリジナルのインナーマッスル治療、ボディバランス治療、オステオパシー、AKA治療、頭蓋骨の動きに合わせて輪郭を整える頭蓋骨輪郭矯正までさまざまな治療を行う。モデル、タレント、スポーツ選手など、数多くの著名人のボディメンテナンスを手がけている。最近ではテレビのコメンテーター、セミナー講師など活躍の場を広げている。またオリジナルの美容機器やコスメのプロデュースなど、骨と筋肉、そして健やかでキレイになれるさまざまなモノとコトについて研究中。

Instagram

@daikanyama_yamaguchiseikotsuin

Facebook

https://www.facebook.com/dr.bones.daikanyama

PROFILE

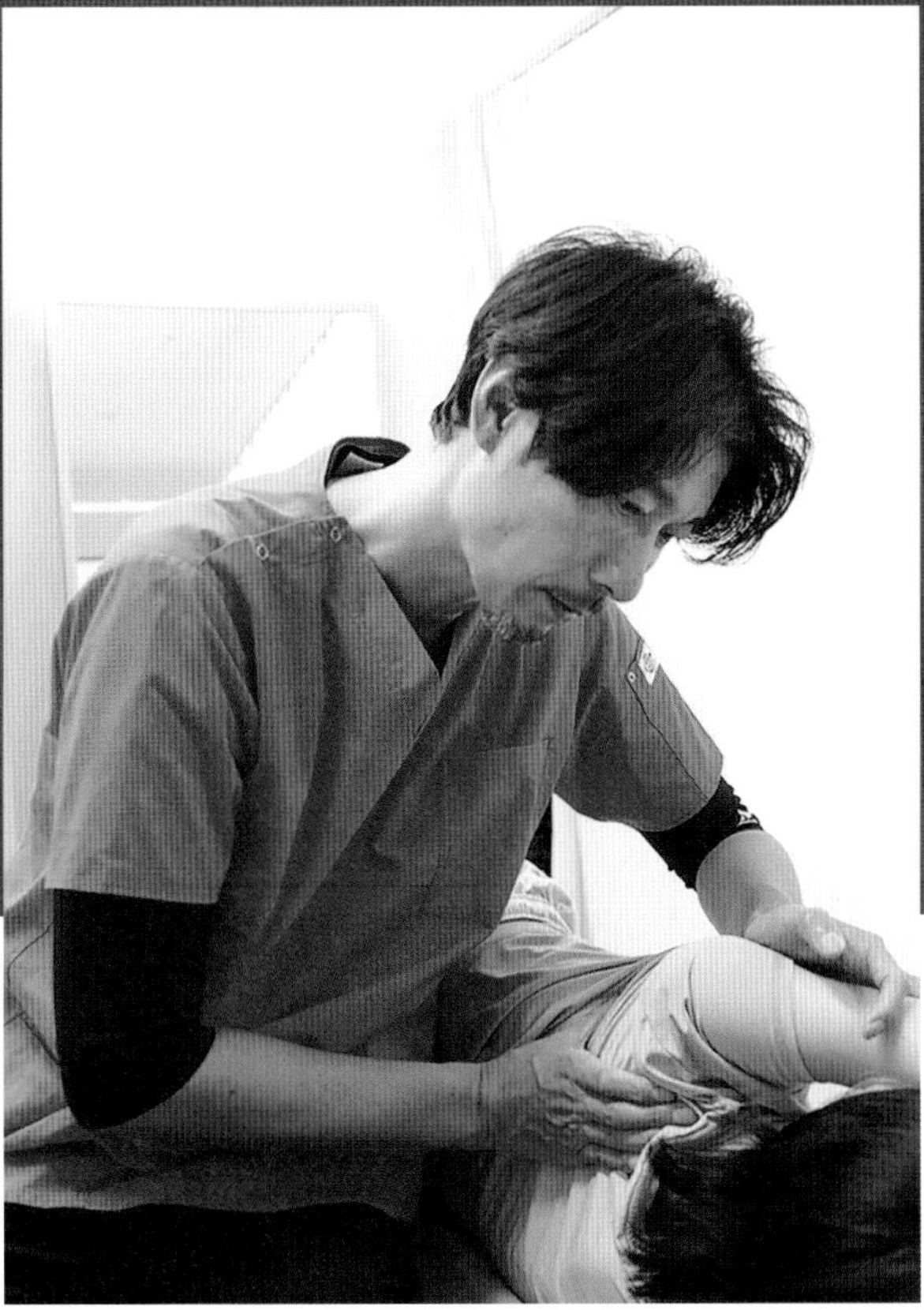

STAFF

撮影
菅野幸恵(CUBISM)

ヘアメイク
瀬戸山佳那

モデル
谷川りさこ
田辺花穂

デザイン
コマツキヨミ(NATTYWORKS)

編集
渡邊千帆(幻冬舎)
米山奈津美

毎日3分で1サイズダウン!

自分で育む「女優小顔」

2023年9月20日　第一刷発行

著者　山口良純
発行人　見城　徹
編集人　舘野晴彦
編集者　渡邊千帆

発行所　株式会社 幻冬舎
〒151-0051
東京都渋谷区千駄ヶ谷4-9-7
電話　03(5411)6269(編集)
03(5411)6222(営業)
公式HP:https://www.gentosha.co.jp/
印刷・製本所　図書印刷株式会社

ISBN978-4-344-04157-8　C0095